日本でいちばんエコな家

太陽光の
チカラを
生かす
200年住宅の
秘密

casa sole

WAVE出版

はじめに

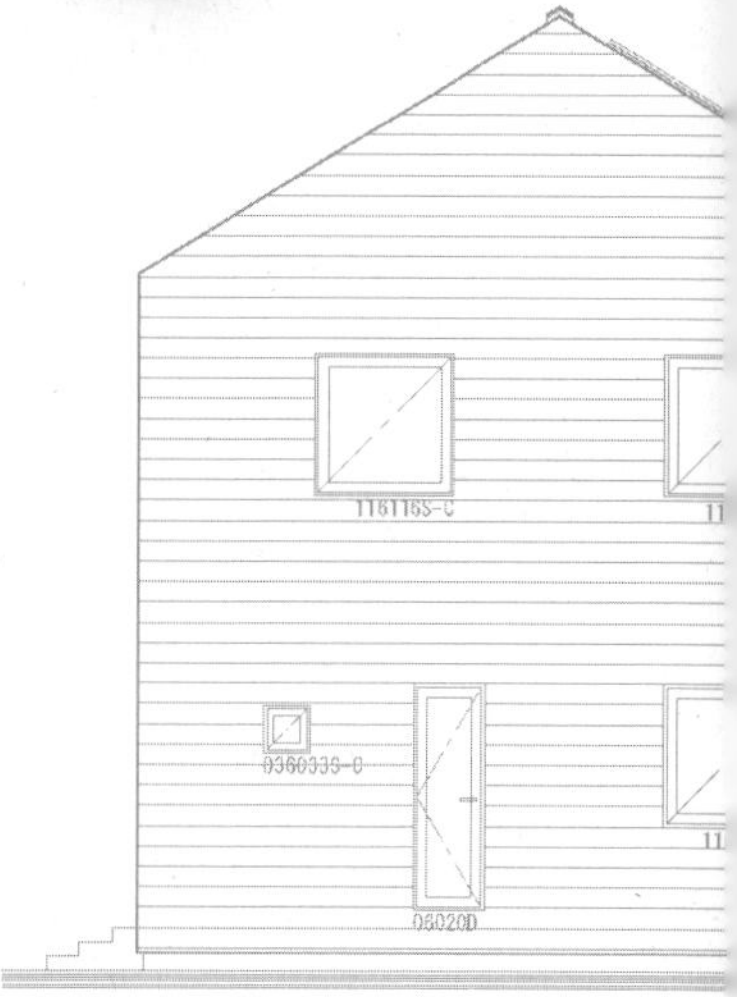

「ものづくり」という点では、いつもドイツには感心させられます。

「家づくり」の研究のため、「casa《カーサ》 sole《ソーレ》」のプロジェクトチームはドイツを訪れました。

そして、その地で、度肝を抜かれました。

ドイツの家づくりの基準は、日本の実情を、さらには理想をも、遥かに超えたものでした。

壁の厚み、柱の太さ、3重のガラス窓……。はじめてこの目で見たときは、正直「ここまでしなくても……」と思ったものです。ところが、こうした仕様の理由を聞くにつけ、そして実物をしっかりと観察するにつけ、これこそが、これからの家づくりのスタンダードだと実感しました。

日本に戻ってきた「ｃａｓａ ｓｏｌｅ」チームは、すぐさまその「ドイツ基準」「ドイツクオリティ」を日本仕様にすべく、取りかかりました。

本書のタイトルにもありますが、「太陽」の助けを借りることは、当初からの構想でした。しかし、せっかくの「太陽のチカラ」も、受け入れる側の箱（住宅）の性能が低ければ、十分に生かしきることはできません。

大切なエネルギーを無駄なく、大切に使っていくためには、環境先進国であるドイツの厳格な基準にならい、かつ、日本の気候、風土に合わせて仕上げていくことが必要でした。

その結果、住宅全体の性能が上がりました。気がつけば、家の寿命がぐんと伸びていました。地球環境に一役買う家にもなったようです。

なにより、わたしたちがうれしかったことは、そこで暮らす人の「心地よさ」の質を、高めることができたような気がすることです。

本書は「casa sole」というブランドの戸建住宅を例にして、話を進めていきますが、来るべき22世紀を視野に入れた家づくりが、大きなテーマです。

これから家を建てようとされている、みなさんのお役に立てれば幸いです。

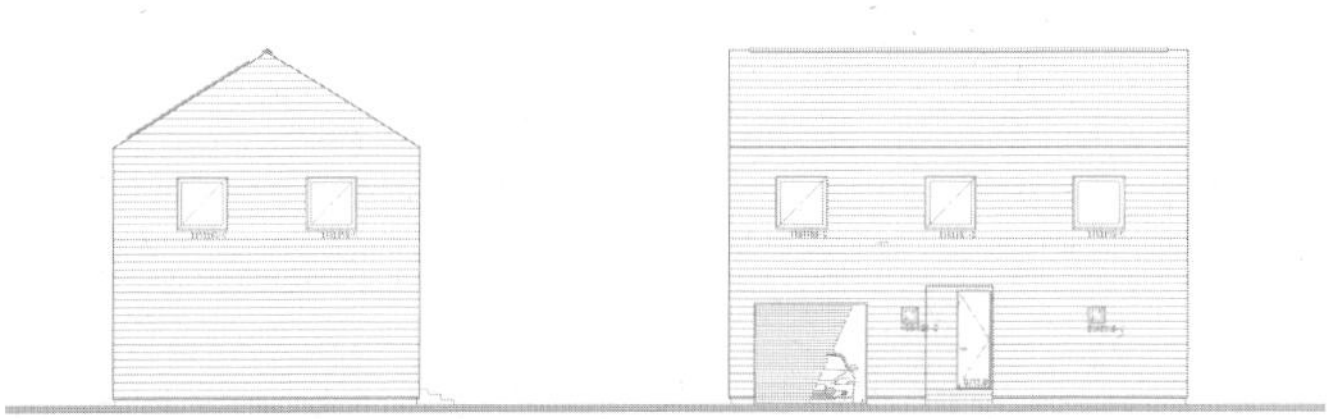

Contents

3章

4章

Contents

5章

Contents

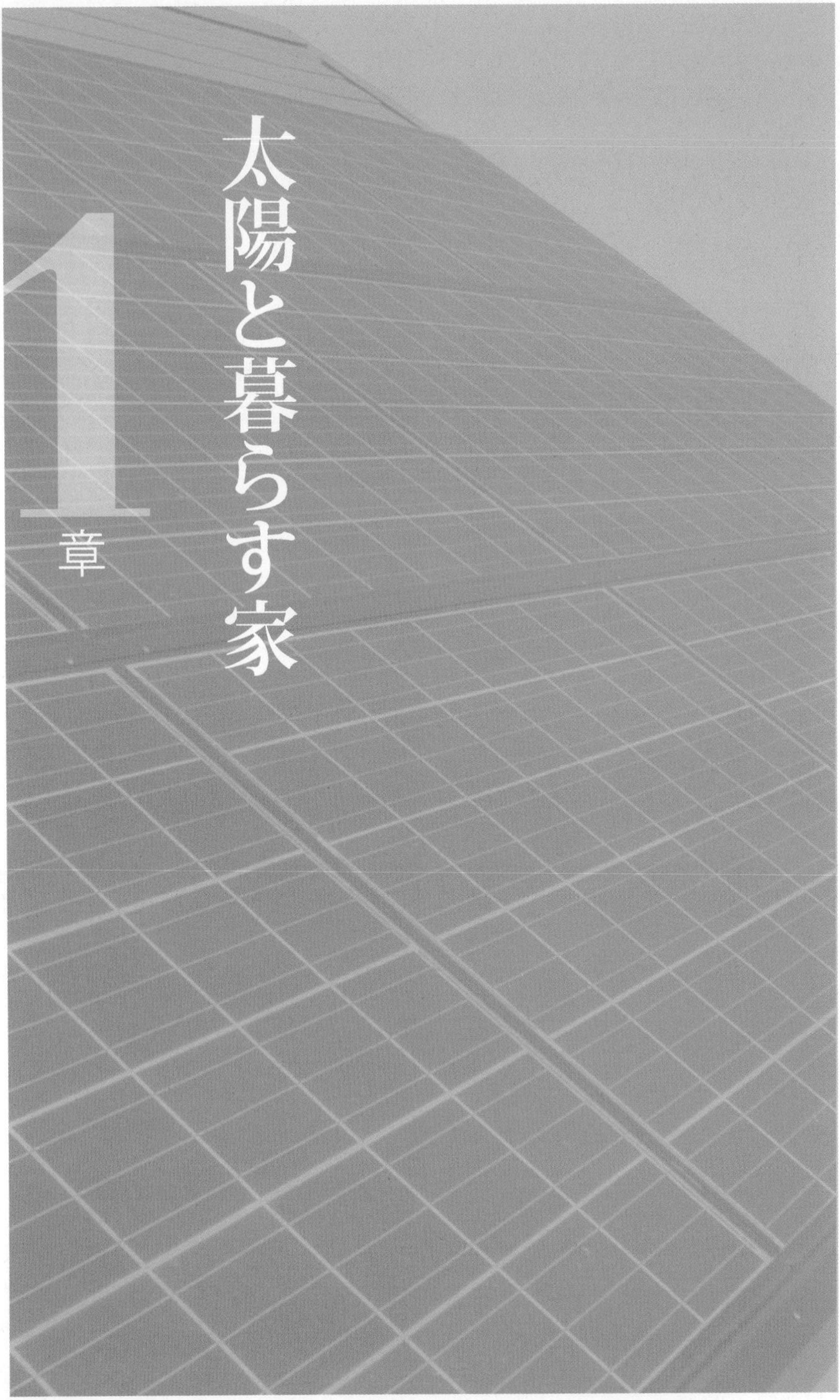

1章 太陽と暮らす家

太陽光発電でエネルギーを買う家からつくる家へ

「光熱費は安くなる？」「いくらするの？」「本当にもとはとれる？」「いくらで買い取ってもらえるの？」「すぐに壊れたりしない？」。

近頃、何かと話題の太陽光発電。人々の関心も高く、それだけにさまざまな疑問もわいてくるようです。もちろん、そうした求知心は経済的な動機からだけでなく、地球環境に対する意識のあらわれでもあると思います。

次世代エネルギーとして、あらゆる分野で太陽のエネルギーを活用する技術や仕組みの開発が進められています。住宅用の太陽光発電の進化も目覚ましいものがありますが、住宅においてはもはや、エネルギーは買うものではなく、つくるものという発想に切り替わりつつあるようです。

　次世代エネルギーというと、なんだか先進的な雰囲気が漂ってしまいますが、住宅に関してのそれは、新しい時代の幕開けではなく、もう幕は開いているといってもいいかもしれません。

　この章では、太陽光発電を象徴するいくつかの数字をテーマに、話を進めていきます。

20,000円

一般家庭でひと月に使用する電気代＋ガス代の平均は……

近年、一般家庭における〝電気〟への依存度は、目をみはるものがあります。

光熱費の年間支出は昭和40年の頃から比較すると、平成20年の時点で約6・6倍になりました（総務省・統計局の家計調査／二人以上の世帯を対象）。

物価の高騰なども考慮する必要があるので一概にはいえませんが、たとえば光熱費のうち灯油やプロパンガスの支出は、近年は低下傾向にあります。

光熱費への支出が増加する冬期においては、ここ10年でガス代や灯油代が減少傾向にあるのに対し、電気代は増加傾向にあります。平成20年の電気代は平成元年と比較して、6割程度も増加しているとのこと。

京セラでは一般家庭における月間の光熱費（電気代＋ガス代）は2万円、シャープでは2万3842円という金額を、とあるシミュレーションで試算しています。

つまり、今、多くの家庭では、2万円前後のお金を電気代に費やしているようです。

｛一般家庭における1カ月の支出状況｝

Monthly expense from household budget

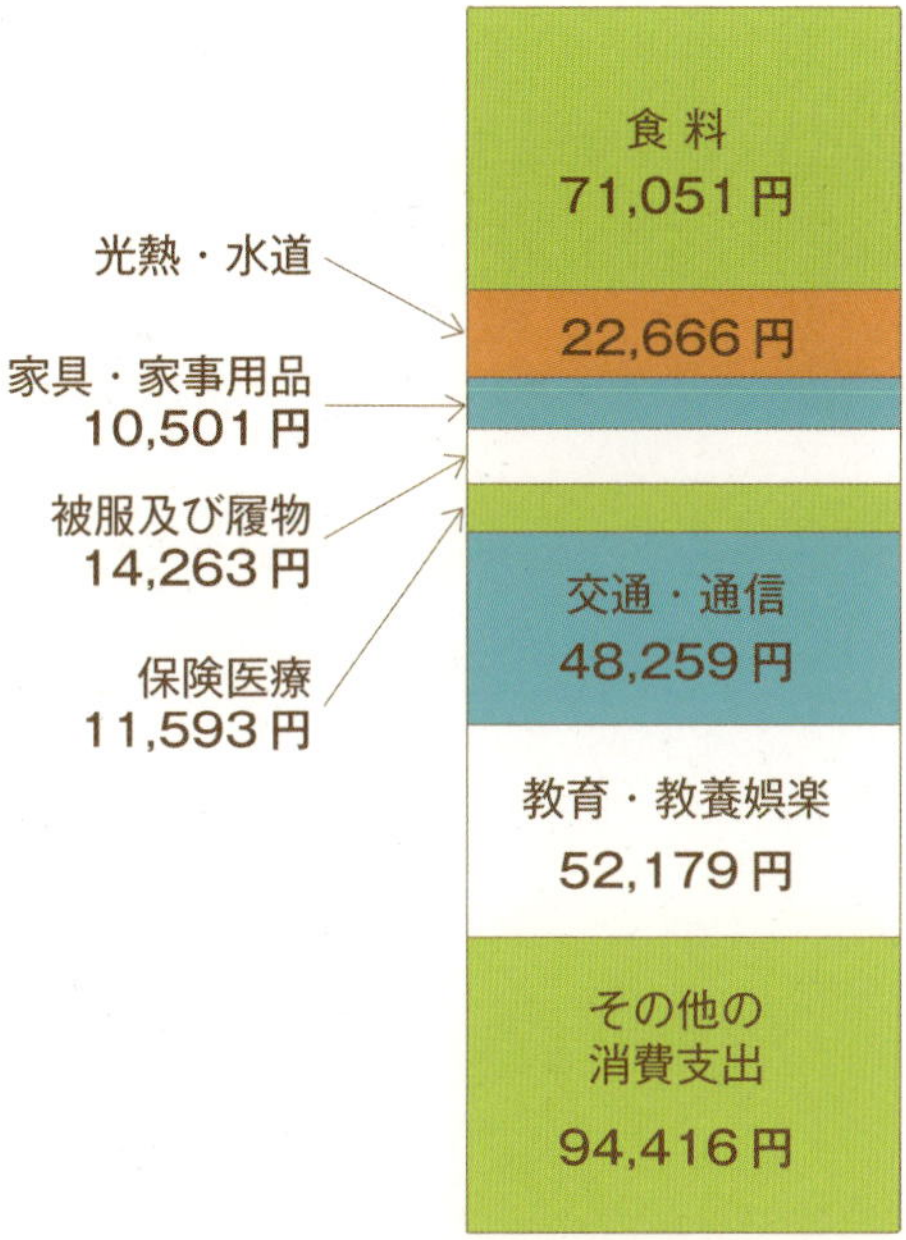

（総務省 統計局のデータより一部抜粋）

4,000円

太陽光発電を導入した場合
ひと月あたりの光熱費は……

太陽光発電への関心の高さは、やはり光熱費の節約に対する期待感が大きいからではないでしょうか。

太陽光発電のパイオニアである京セラの試算によれば、ソーラー発電と同時にオール電化の導入で、光熱費が約80％も節約できると謳っています。

そのシミュレーションでは、電気代とガス代を合わせた1カ月の光熱費が約２万円だったのに対し、導入後は約４０００円になるというのです。

昼間はソーラー発電でつくった電気を使います。使いきれなかった電気は、電力会社に買い取ってもらうこともできます。さらには、夜間の電気料金が安くなる契約を使うことも可能です。

大雑把に述べると、こうした諸々を組み合わせることによって、年間にすると19万２０００円もの節約につながるという数字がはじき出されているのです。

{太陽光発電を導入した場合}

In case of introducing the solar-energy generation system

太陽光発電と
オール電化の導入で
光熱費は
4,000円／月に！

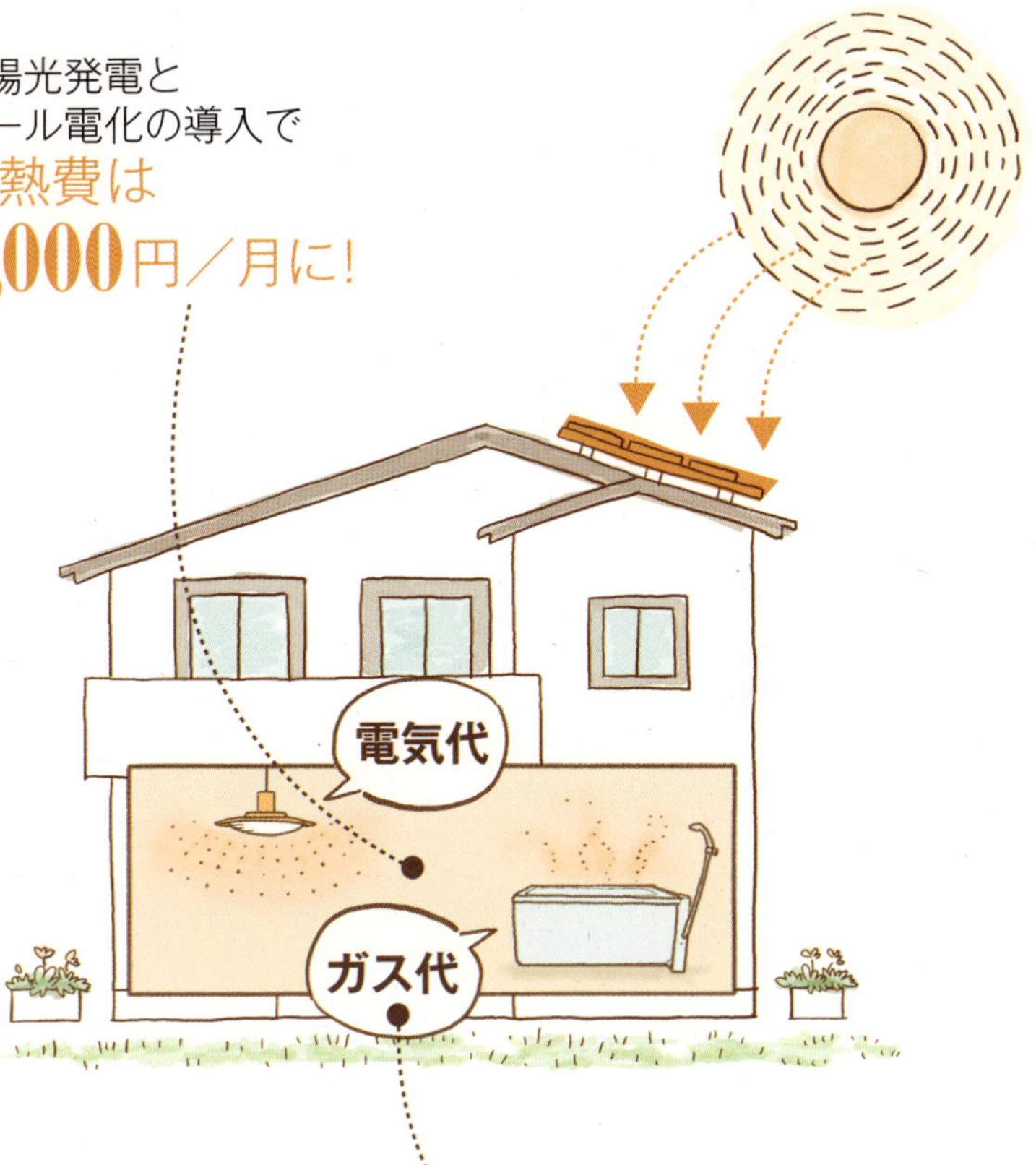

オール電化なら
ガス代
0円！

30度

太陽光発電のシステムをおさらいしておきましょう

まず、屋根の上に設置するのが、ソーラーパネル。このパネル一枚一枚を「モジュール」と呼びます。ソーラーパネルの話では、この「モジュール」という単位が使われ、「モジュール」をいくつ設置するかで、発電量が変わります。

ソーラーパネルで発電された電気は、パワーコンディショナー（電圧などを調整。室外に設置するタイプと室内のタイプがある）と呼ばれる機器を通って、ブレーカーに送られます。このほかにも、いくつかの機器やパーツで一組の太陽光発電となりますが、その中でもっとも身近な機器は、発電量がひと目でわかるモニターです。メーカーによって違いますが、ちょうどカーナビくらいのサイズです。

太陽光発電を取り入れる上で大切なことは、ソーラーパネルの設置の方角と設置角度です。方角が北側と南側では、発電量に約2倍の差が出ます。また、冬至と夏至の中間をとった30度の角度が、年間を通して効率よく発電できるとされています。

{太陽光発電の仕組み}

Mechanism of solar-energy generation

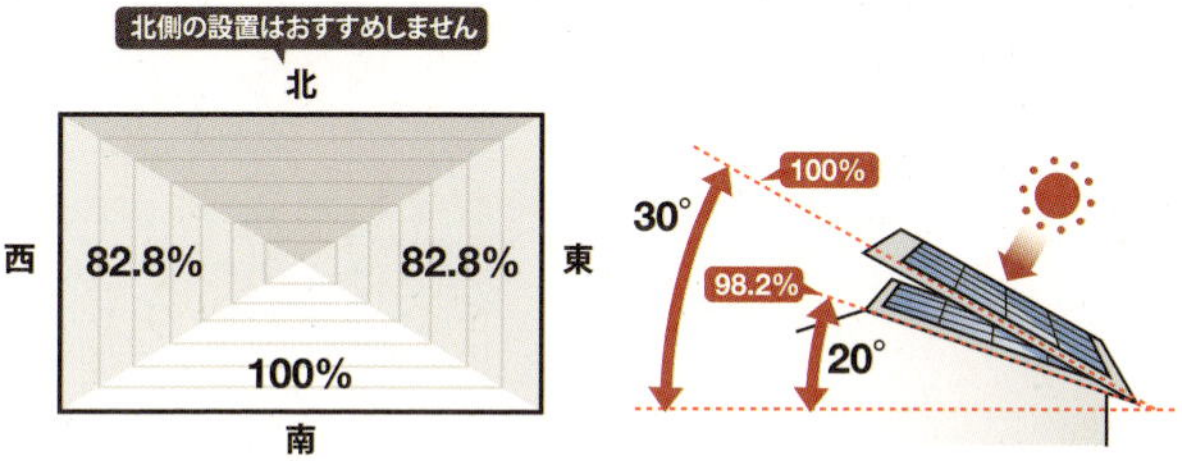

ソーラーパネルは、やはり南側に取り付けるのが、もっとも効率がよく、設置角度は30度が理想とされています。

最近のソーラーパネルは、見た目もシンプルで、家の景観を壊しません。パネル自体も、昔と比べて軽量化が図られています。

65％

世界のエネルギー事情に太陽光が担う役割

遙か彼方より地球に降り注ぐ太陽エネルギー。普段、あまり意識して過ごすことのないその〝太陽の力〟は、たとえば世界の1年間のエネルギー消費量を、たった1時間でまかなえるほどのエネルギー量を地球に届けているといわれています。世界のエネルギー消費量は増加の一途を辿り、このままでは約40年後に石油が、約60年後に天然ガスが、２００年後に石炭が枯渇するという報告もあります。

ＩＥＡ（国際エネルギー機関）が発表した「World Energy Outlook 2009」によれば、太陽光をはじめとした再生可能エネルギーが総発電量に占める割合は、２００７年に2・5％だったものが、２０３０年には8・6％に上昇すると予測されています。また、石油メーカーのシェルの予測では、２０６０年には再生可能エネルギーの占める割合が全体の65％に達するそうです。

太陽光エネルギーへの期待は、ますます高まるばかりのようです。

｛太陽光エネルギーの推移予想｝

⌘

Predicted amount of energy generated by solar-energy system

⌘

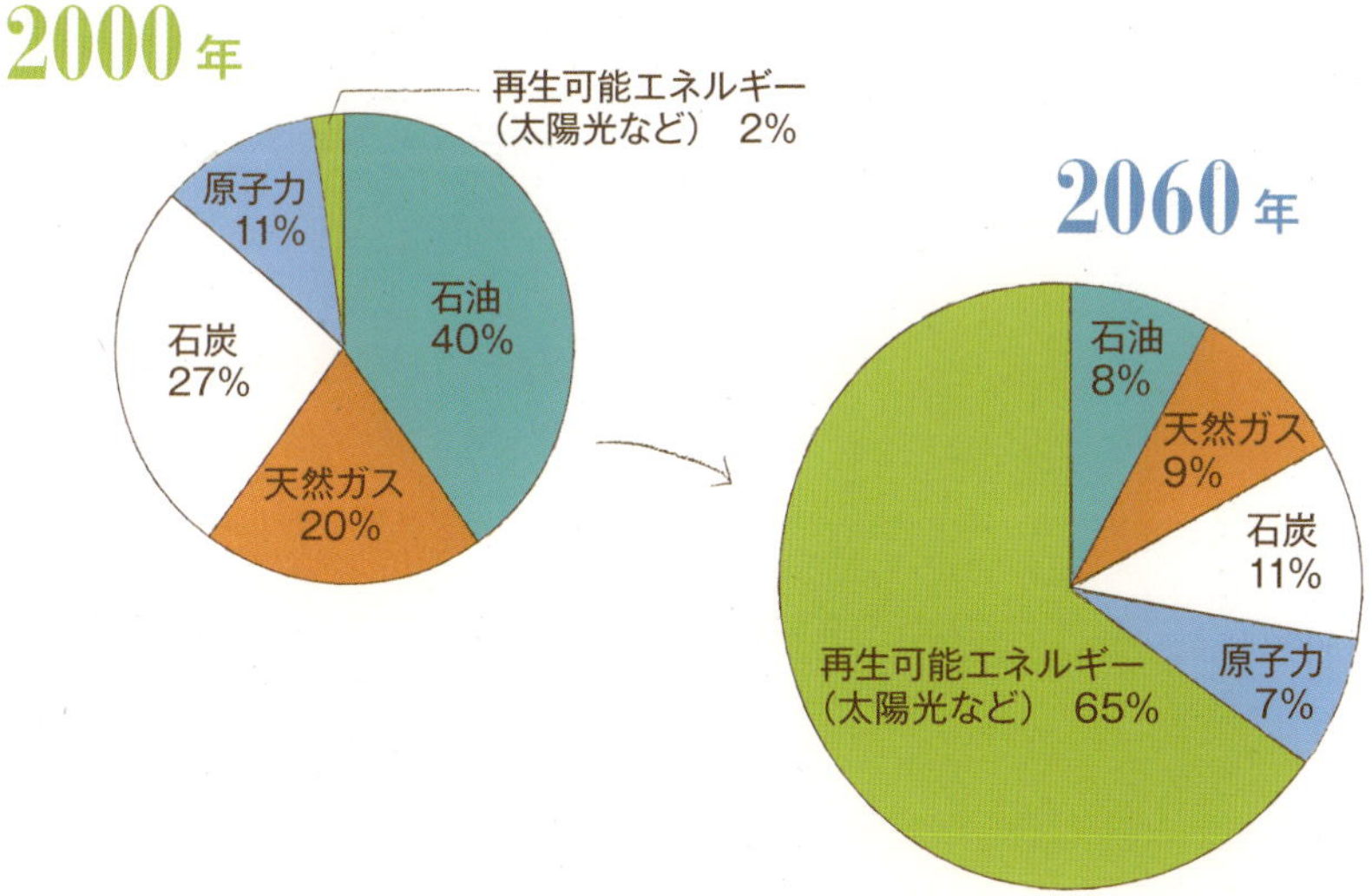

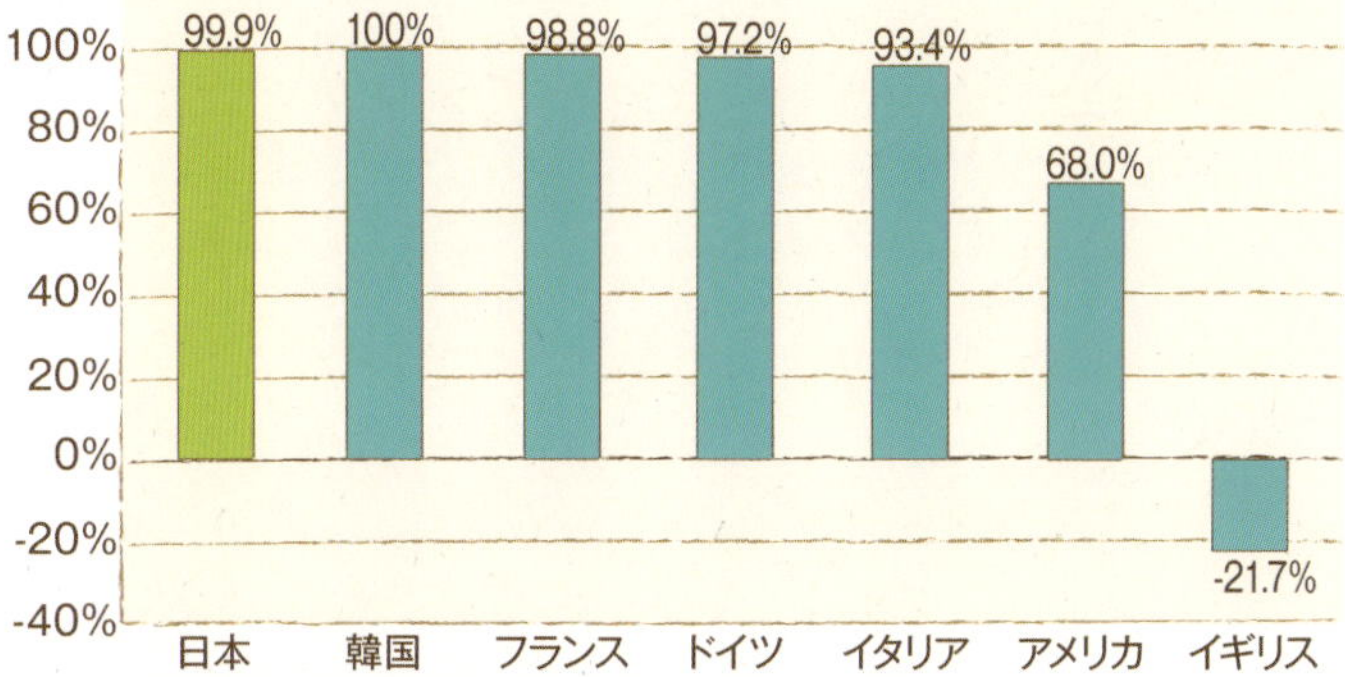

主要国の石油輸入依存度（2005年） 統計：IEA

200万円

「太陽光発電を設置したい！」いったいいくらかかるの？

新エネルギー財団の報告によると、平均設置価格（機器・工事費込み）は太陽電池容量が１ｋＷあたり69・６万円です。１９９４年には２００万円、99年には93・９万円でした。近年は、手の届きやすい価格になってきたようです。

太陽光発電協会によれば、１ｋＷあたりの年間発電量は約１０００ｋＷｈ（機器、設置条件などにより異なる）。一般的な一世帯の年間消費電力量は５５００ｋＷｈ（省エネルギーセンターより）ですから、３ｋＷを設置すれば、家庭の電気の約55％をまかなえる計算になります。太陽光発電の設置にかかる費用は２００万円前後（１ｋＷあたり70万円として×３ｋＷ）が、ひとつの目安となるでしょう。

ただし、前述したように太陽光発電の機器はパネルの設置条件によって、発電量がずいぶんと変わってきます。これから家を建てるなら、最初から設置しておくと、もっとも効率のよい形で太陽光発電の恩恵を受けられるでしょう。

{太陽光発電の出荷量と価格の推移}

⌘

supply from solar-energy generation system and price changes

⌘

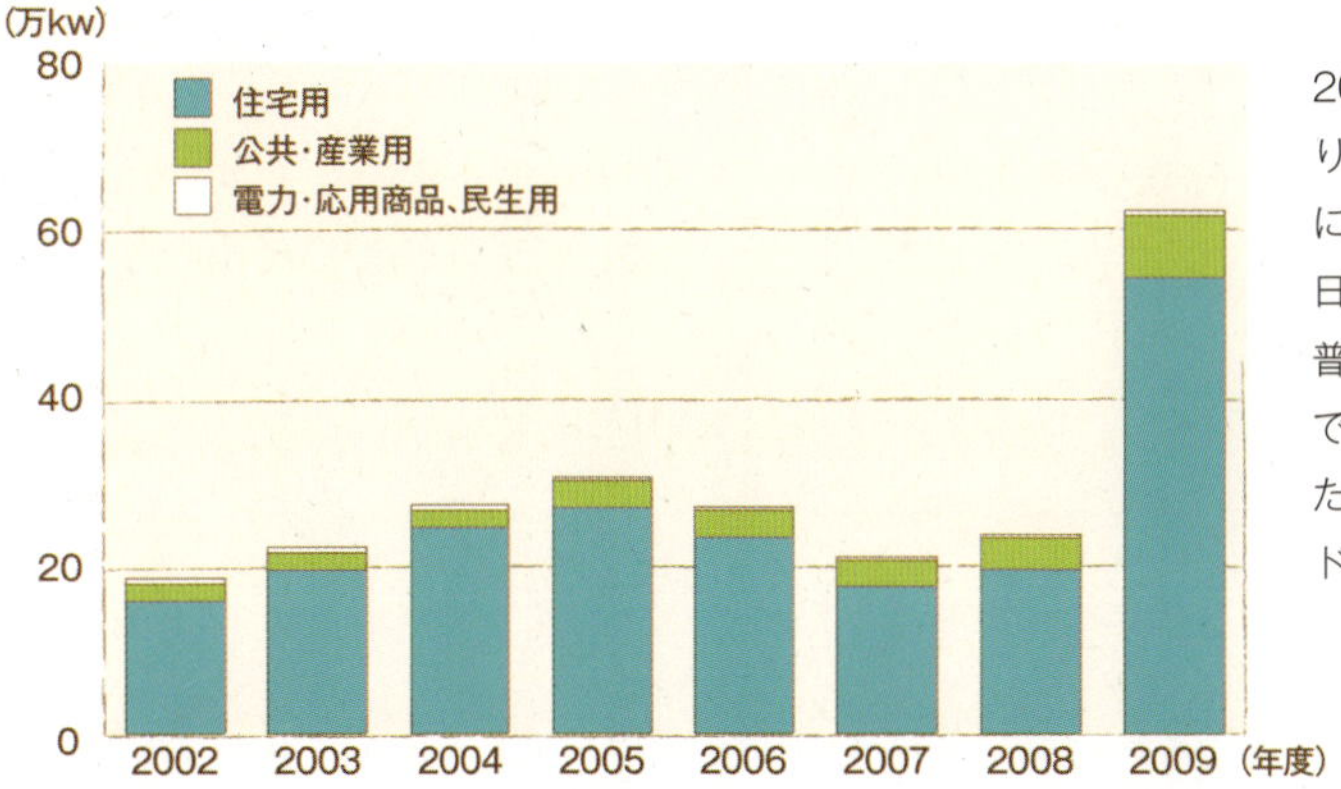

JPEA調べ

2009年を迎えたあたりから、出荷量が一気に増加した。ちなみに日本は、太陽光発電の普及率が、2004年までは世界でトップだったが、2005年以降はドイツに抜かれた。

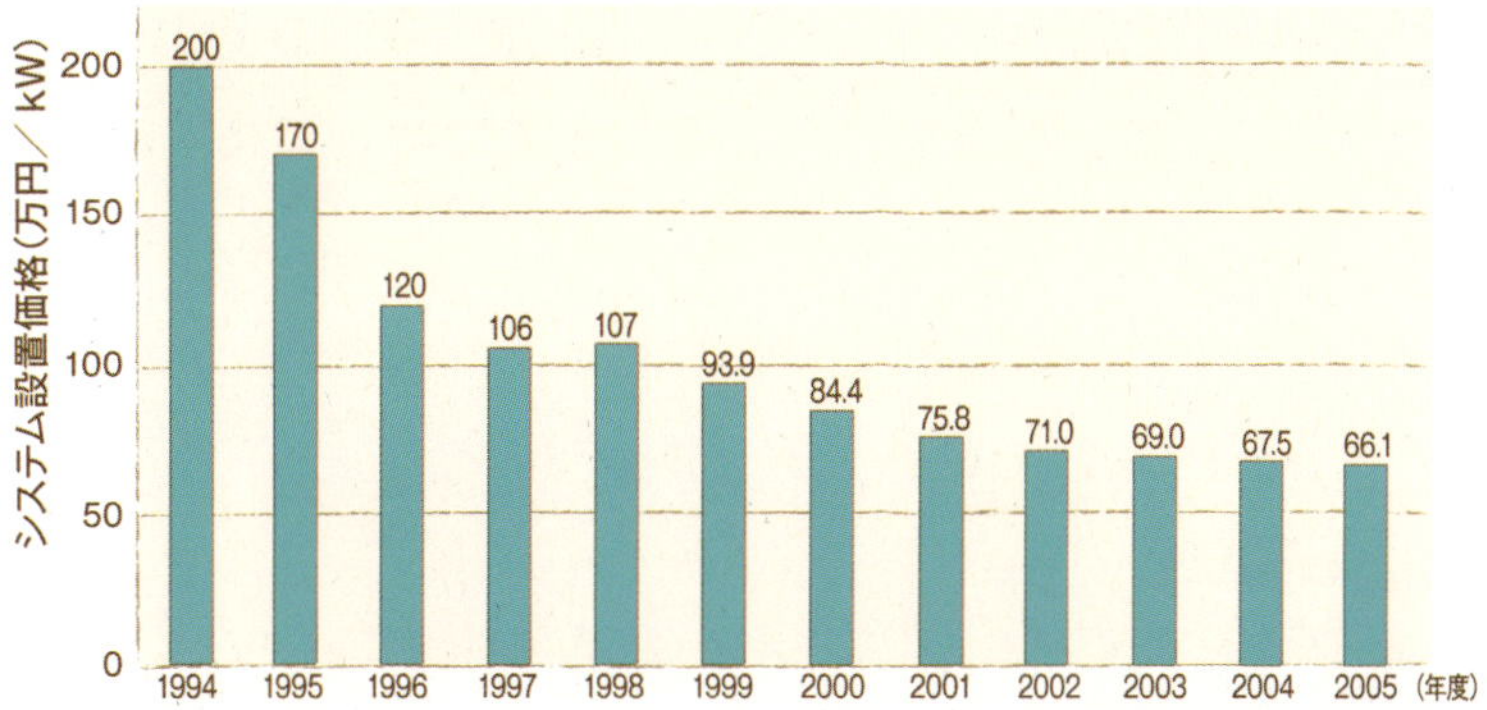

(財)新エネルギー財団

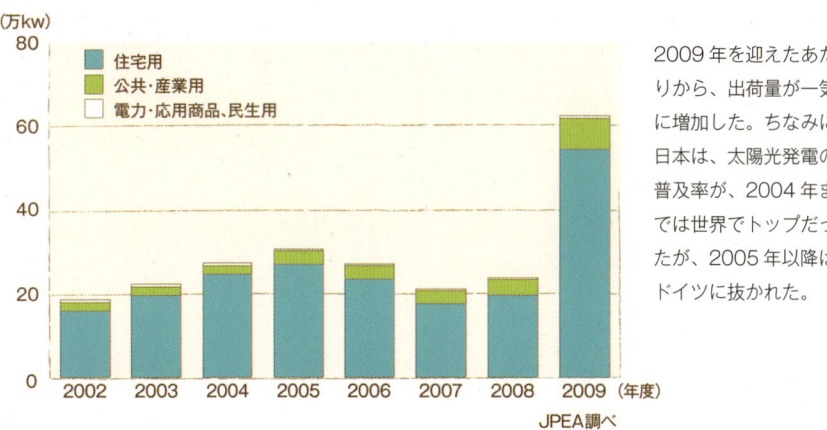

77万5千円

太陽光発電の設置に補助金制度が活用できる

先ほど太陽光発電の設置にはおよそ２００万円かかるとお伝えしましたが、現在では設置に補助金制度が適用されますので、実際にはもっと安くなります。

経済産業省の補助金制度を使えば、１ｋＷあたり7万円の補助金が出ます。一般家庭では、３ｋＷの太陽光発電が平均ですから、21万円の助成金が得られます。また、各地方自治体にも助成金制度があります。一例を挙げると、東京都では、１ｋＷあたり10万円の補助があり、さらに市区町村で助成金を出しているところもあります。

地方自治体の補助金制度では、申請の受付数が決まっていたり、期間が決まっていたりすることもあります。しばらくは、こうした補助金制度が続くものと思われますが、もし太陽光発電がみなさんのライフスタイルの視野に入っているならば、今がねらい目の時期といえるかもしれません。

{補助金制度の一例}

A example of government subsidy

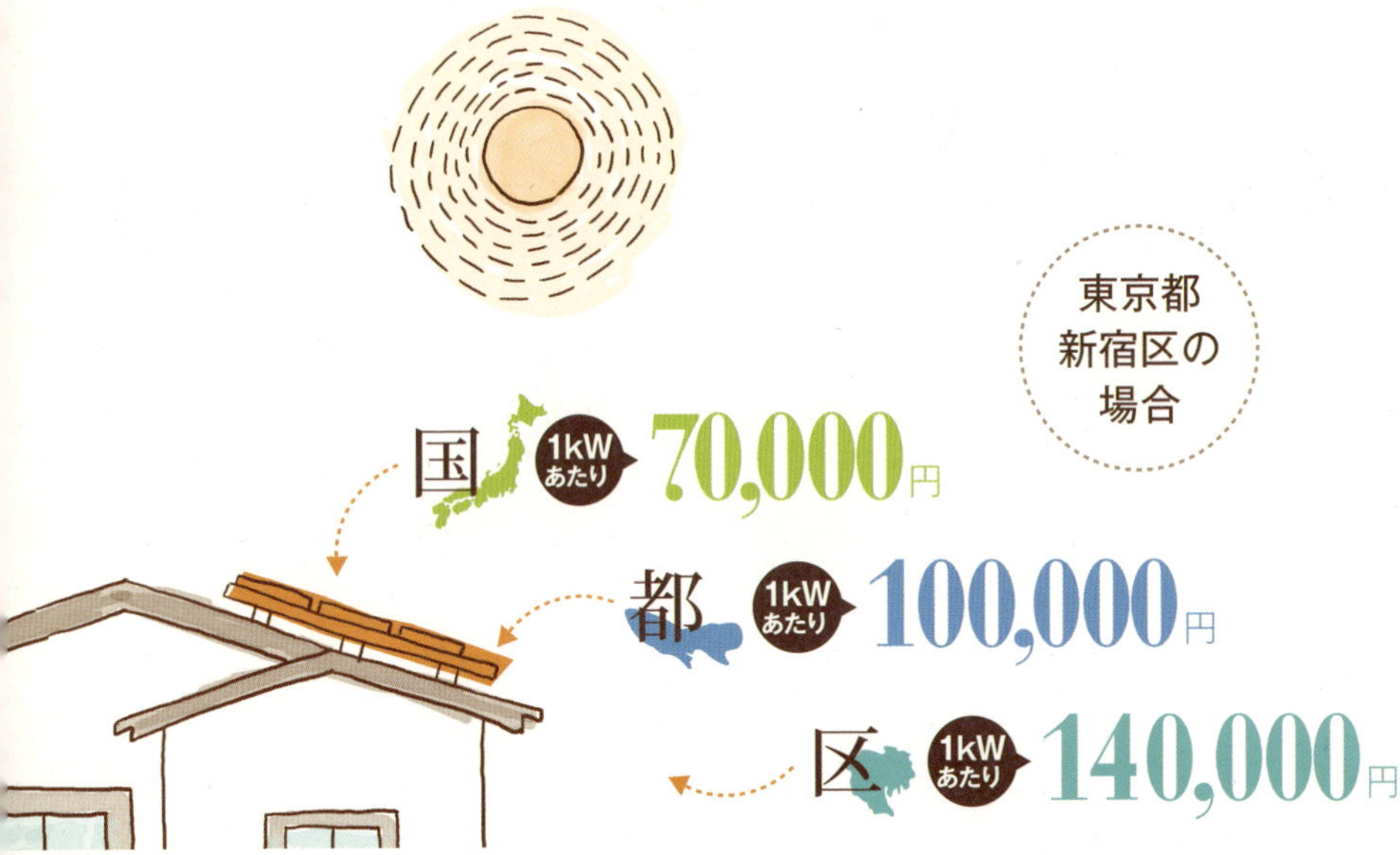

たとえば**2.5kW**の**太陽光パネル**を設置したら……

国からの補助額｝2.5kW × 70,000円＝ 175,000円
都からの補助額｝2.5kW ×100,000円＝ 250,000円
区からの補助額｝2.5kW ×140,000円＝ 350,000円
＋

775,000円

上記の数字は2010年5月末現在のデータです。補助金は地域によってさまざまな種類があり、その制度も短いサイクルで変わっているようです。実際に設置される際は、インターネットなどで事前に調べておくことをおすすめします。

48円

つくった電力を電力会社が買い取ってくれる!!

電気の買い取り料金が2倍になったことをご存知でしょうか。以前の制度では、太陽光発電で発電された電力のうち、１ｋＷあたり約24円で、電力会社が買い取ってくれていました。

ところが、ドイツで実績のある「固定価格買取制度」を参考にして、２００９年の11月から日本政府は新制度を実行しました。例外もありますが、基本の買取価格を48円にするよう義務づけたのです。この価格は10年間保証されることが決まっています。買い取りの仕組みは簡単で、たとえば発電量の多い昼間の時間帯、使用する電力量以上の発電量があれば、それを電力会社が買い取ってくれます。

売れた電気代は毎月、契約者の口座に振り込まれます。一般の戸建て住宅に取り付けられた太陽光発電による売電では、さまざまなデータがありますが、平均で1カ月1万円前後というデータを出しているところが多いようです。

{つくった電力を売るサイクル －S さん一家の場合－}

Model of sell-out of house-made energy : An example of Mr.S family

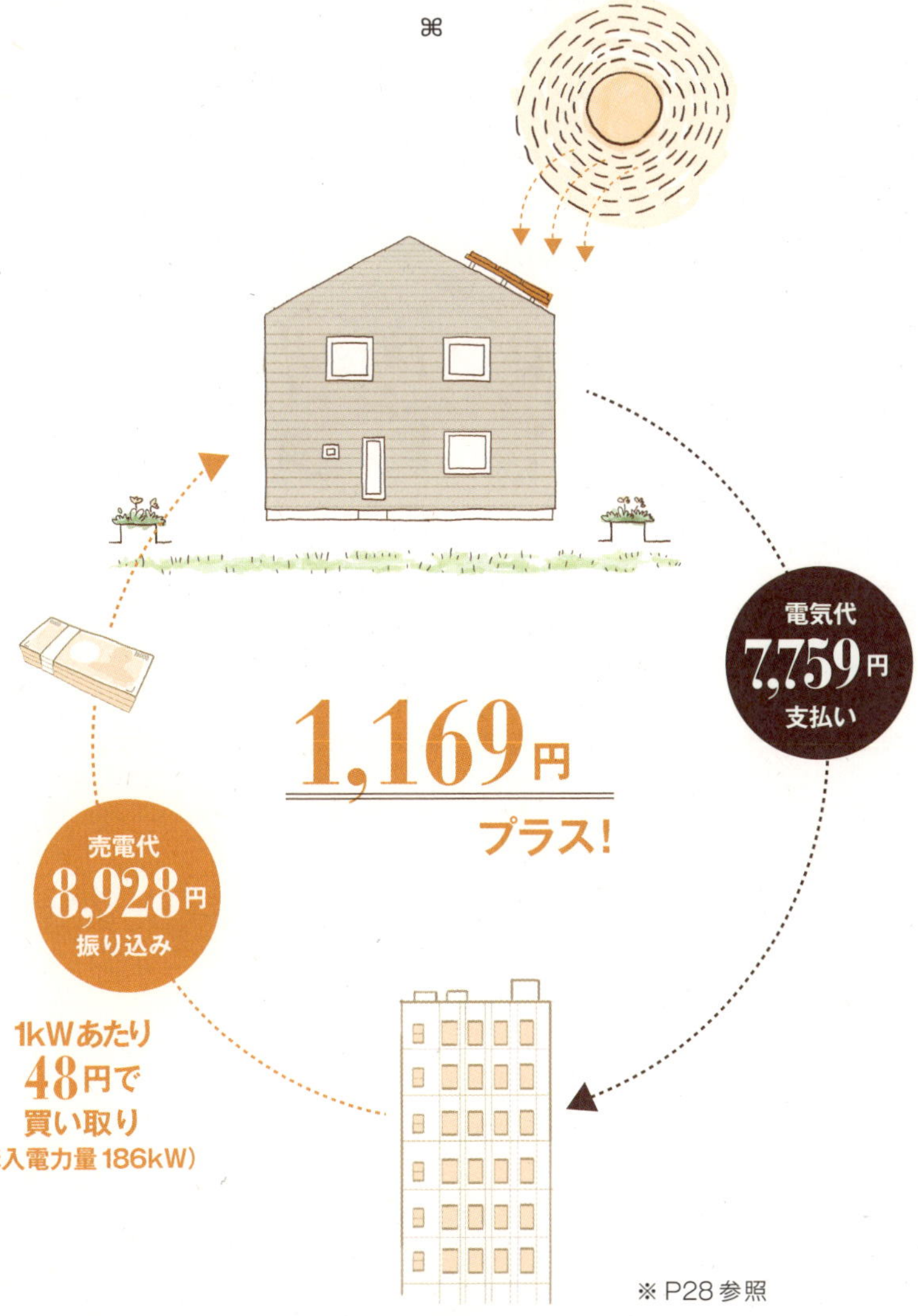

※ P28 参照

もしかしたら、理想の貯金スタイルかも！

これは、実際に「casa sole」に住まわれている方からお借りした領収書です。これを見ると、ひと月あたり約１０００円得したことになります。太陽光発電を設置していなかったら、月々の支払いは倍近いので、そう考えるとひと月あたり１万円以上の得をする計算に。

ちなみに、この領収書は５月のものです。夏や冬の時期は冷暖房を使用するため、必ずしもプラスになるとは限りませんが、おだやかな気候の時期は、売電が上回ることも十分想定できます。貯金をするのが苦手という方は、売電用の通帳でもつくれば、あれよという間に貯金が増えていくかもしれませんね。

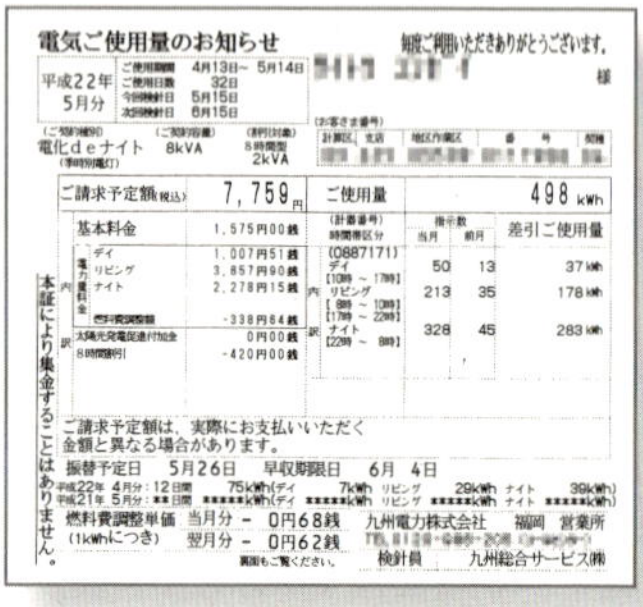

電気ご使用量のお知らせ　毎度ご利用いただきありがとうございます。

平成22年5月分　ご使用期間 4月13日～5月14日　ご使用日数 32日　今回検針日 5月15日　次回検針日 6月15日　様

(ご契約種別) 電化deナイト (季時別電灯)　(ご契約容量) 8kVA　(割引対象) 8時間型 2kVA

(お客さま番号) 計算区　支店　地区作業区　番号　契機

ご請求予定額(税込)	7,759円	ご使用量			498 kWh
基本料金	1,575円00銭	(計器番号) 時間帯区分	指示数 当月	前月	差引ご使用量
電力量料金 デイ	1,007円51銭	(0887171) デイ [10時～17時]	50	13	37 kWh
リビング	3,857円90銭	リビング [8時～10時] [17時～22時]	213	35	178 kWh
ナイト	2,278円15銭	ナイト [22時～8時]	328	45	283 kWh
燃料費調整額	-338円64銭				
太陽光発電促進付加金	0円00銭				
8時間割引	-420円00銭				

ご請求予定額は、実際にお支払いいただく金額と異なる場合があります。

振替予定日　5月26日　早収期限日　6月 4日

平成22年 4月分：12日間　75kWh(デイ 7kWh リビング 29kWh ナイト 39kWh)

平成21年 5月分：＊＊日間　＊＊＊＊＊kWh(デイ ＊＊＊＊＊kWh リビング ＊＊＊＊＊kWh ナイト ＊＊＊＊＊kWh)

燃料費調整単価 (1kWhにつき)　当月分 － 0円68銭　翌月分 － 0円62銭

裏面もご覧ください。

九州電力株式会社　福岡 営業所

検針員　九州総合サービス㈱

本証により集金することはありません。

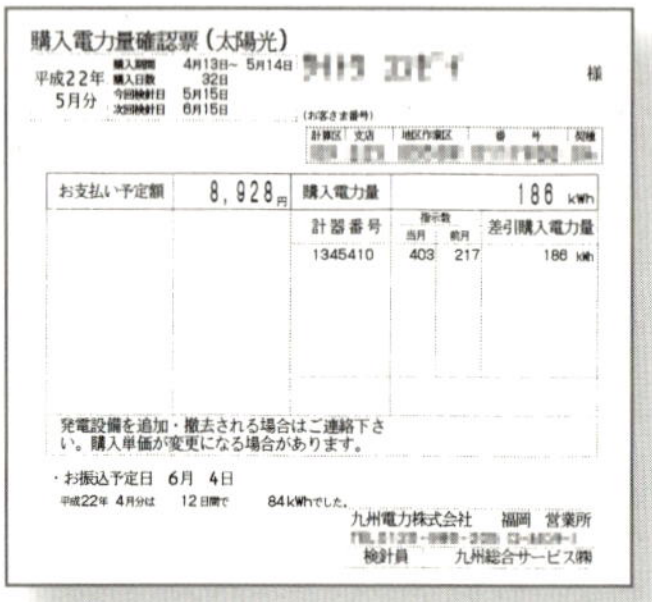

購入電力量確認票（太陽光）

平成22年5月分　購入期間 4月13日～5月14日　購入日数 32日　今回検針日 5月15日　次回検針日 6月15日　様

(お客さま番号) 計算区　支店　地区作業区　番号　契機

お支払い予定額	8,928円	購入電力量			186 kWh
		計器番号	指示数 当月	前月	差引購入電力量
		1345410	403	217	186 kWh

発電設備を追加・撤去される場合はご連絡下さい。購入単価が変更になる場合があります。

・お振込予定日　6月 4日

平成22年 4月分は　12日間で　84kWhでした。

九州電力株式会社　福岡 営業所

検針員　九州総合サービス㈱

2章 エアコンに頼らない家

「パッシブハウス」という次世代の住まいを紐解く

いま、みなさんは、住宅建築の歴史が大きく変化しようとしている場面に、ちょうど居合わせています。傍観者でもなく、目撃者でもなく、当事者として。

新しい風は、西から吹いてきました。

そのひとつは、環境先進国であるドイツから。現在、その風にのって「パッシブハウス」という種子が、世界中の地に運ばれ、根をおろそうとしています。ヨーロッパの国の中では、すでにしっかりと根を張っている地域もあるようです。

「パッシブハウス」は、「ゼロエネルギーハウス」や「省エネ住宅」「無暖房住宅」といった言葉に置き換えられることもあります。
なんとなく意味するところが伝わるかとは思いますが、やはりこのままでは不十分ですね。「パッシブハウス」の話を通じて、これからの住まいの在り方について、考えてみたいと思います。

住宅のこれからを担う「パッシブ」の思想

従来の日本のエコ住宅は、「パッシブ」という発想に乏しく、アクティブな面だけで捉えられてきました。しかし、ドイツなど環境先進国のエコ住宅は、「パッシブ」という考え方を基本に、その上でアクティブな要素を取り入れています。「パッシブ（passive）」とは、「無抵抗な」「受動的な」といった意味です。しかし、そこにはもうひとつ、違ったニュアンスの意味合いもあるようです。

「ことを荒立たせることがない」

と、建築家である野沢正光さんは著書『パッ

What is a "passive house"?

シブハウスはゼロエネルギー住宅』の中で述べています。

「パッシブ」の反対語である「アクティブ(active)」は、訳すと「積極的な」「活発な」という意味です。住環境における「アクティブ」を具現したものは、たとえば日本では「エアコン」、ヨーロッパでは「セントラルヒーティング」でしょうか。要するに、以前からある冷暖房器具のこと。

エネルギーという視点でもっと大きな対象物を探すと、「原子力発電」が相当すると思います。

ドイツでは、2002年に原子力エネルギーの利用を規制する法案が施行されました。時を同じくして、ドイツでは新築住宅に

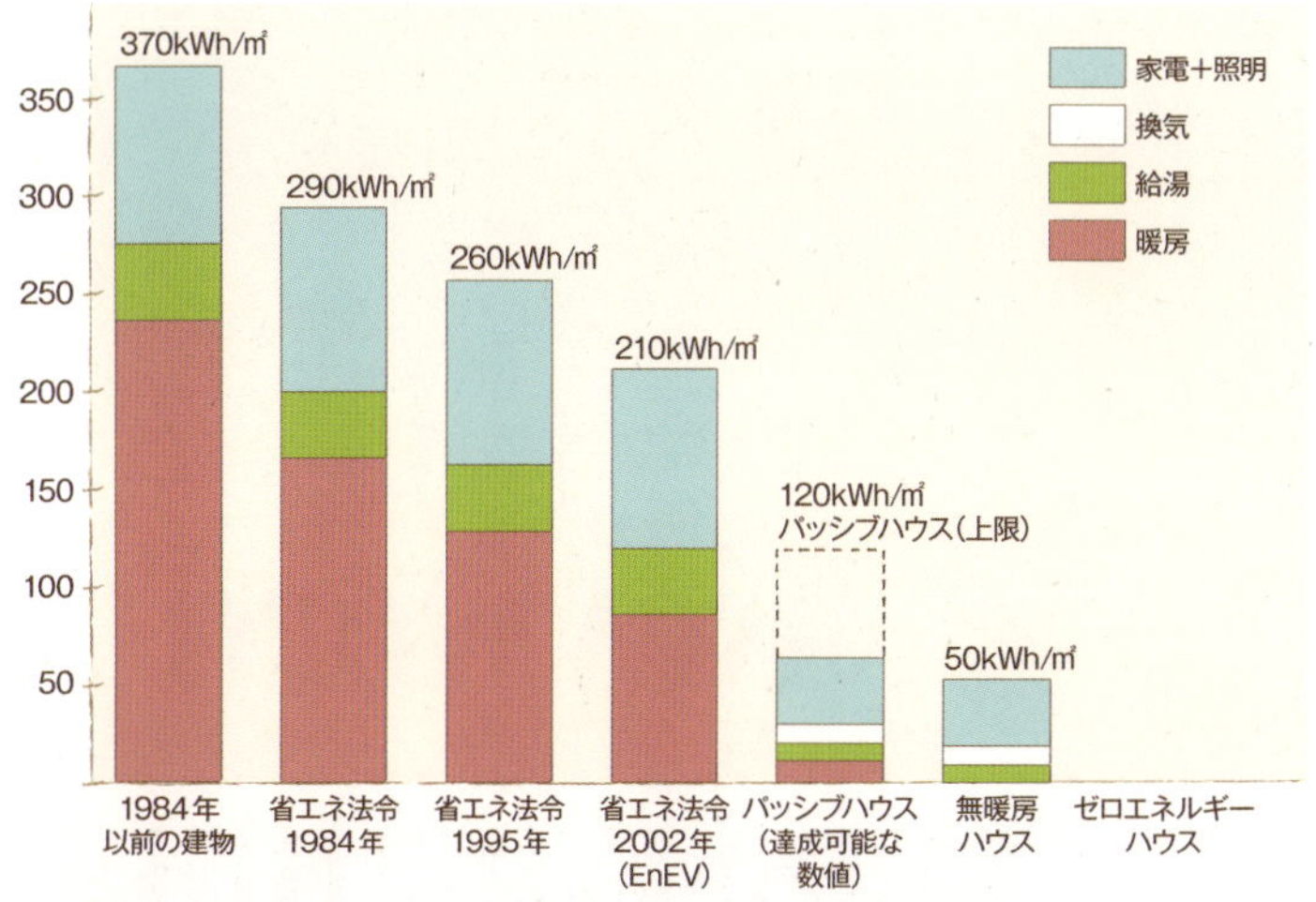

ドイツにおける年間一次エネルギー量の変遷(『世界基準の「いい家」を建てる』より)

新たな省エネ基準が設けられました。

　環境先進国であるドイツは、自ら課した規制とはいえ、従来型の住宅性能では、現実的に立ちゆかなくなってもいたのです。

「パッシブハウス」のキーワードを解き明かす

　ドイツにはパッシブハウス研究所というものがあります。

　この研究所では、「パッシブハウス」にいくつもの条件（基準値）を付帯させています。

・断熱性能が０・１５Ｗ／㎡Ｋ以下
・年間一次エネルギー消費量が１２０ｋＷｈ

Keyword for "passive house"

／㎡以下
・気密性能は50パスカルの加圧・減圧時の漏気回数が気積０・６回以下
・換気は熱交換換気とし、熱回収率は75％以上

このほかにも「パッシブハウス」の認定を受けるために、さまざまな住宅の性能が厳格な数値等で定められています。

しかし、先述した条件のように、一般的にはまったく馴染みのない専門的な用語や数値が頻出します。ここでは、かいつまんで、できるだけわかりやすく説明していきます。

日本ではじめて「パッシブハウス」の認定を受けた住宅を手がけた、建築士の森みわさんによれば、

「住み手の健康を守るために必要な換気量を温度調節することで、冷暖房が可能となるような、建設コストを抑えた居住性の高いアフォーダブル省エネ住宅スタンダード」（『世界基準の「いい家」を建てる』ＰＨＰ研究所）と、自著のなかで述べています。

同書によれば、床暖房をはじめとするセントラルヒーティングを必要とするような「中途半端な省エネ」では、逆に設備過剰のため、建設コストが高いことが、ヨーロッパでは実証されているそうです。

「パッシブハウス」をわたしたちの言葉に置き換えると、次のようになると思います。

・住む人に快適な住宅

Keyword for "passive house"

・CO2削減などによる〝地球環境への配慮〟がなされた住宅
・コストパフォーマンスに優れた住宅

これらの条件をさらに読み解くと、「断熱」「気密」「換気」というキーワードが登場してきます。さらには、これら「断熱」「気密」「換気」が結実して、「省エネルギー」へと結びつくのです。

ちなみに、前出の森みわさんは、「換気装置に冷暖房機能が付随しているのはまぎれもない事実ですから、パッシブハウスを間違っても無暖房、無冷房住宅と呼んではいけません」と指摘しています。

パッシブハウス研究所の示す基準を尊重す

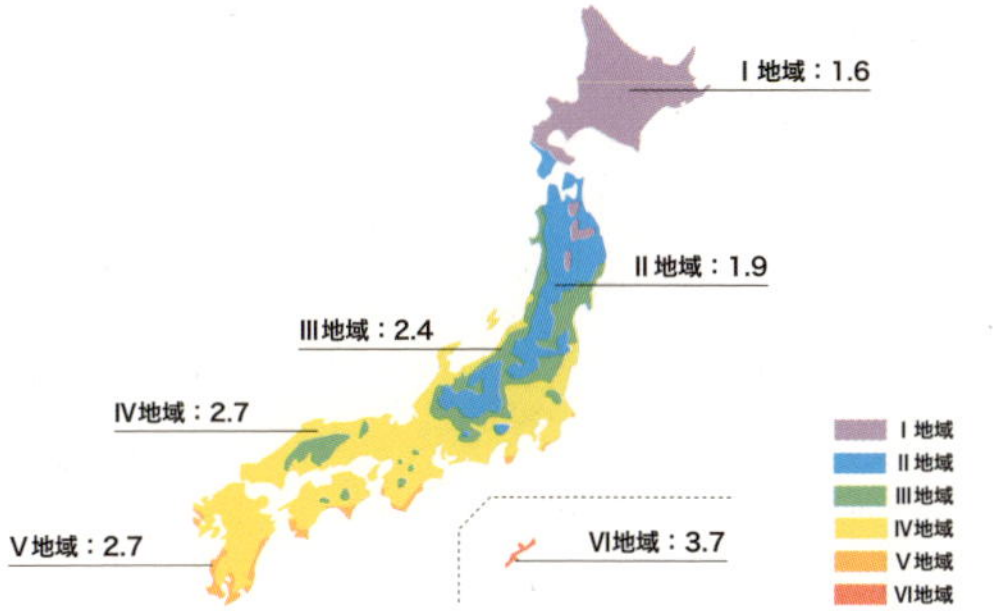

日本でも「次世代省エネルギー基準」というものが告示されています。次世代省エネルギー基準とは、「住宅に係るエネルギーの使用の合理化に関する建築主の判断と基準」及び「同設計及び施工の指針」のことです。現在では地域ごとに、等級によって定められています。

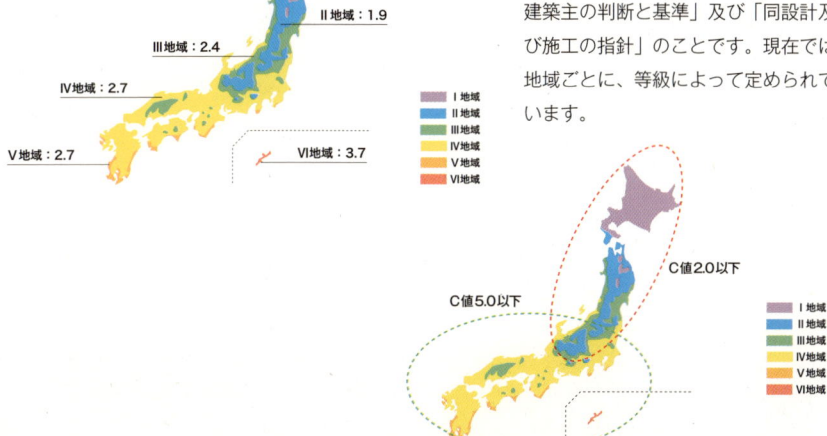

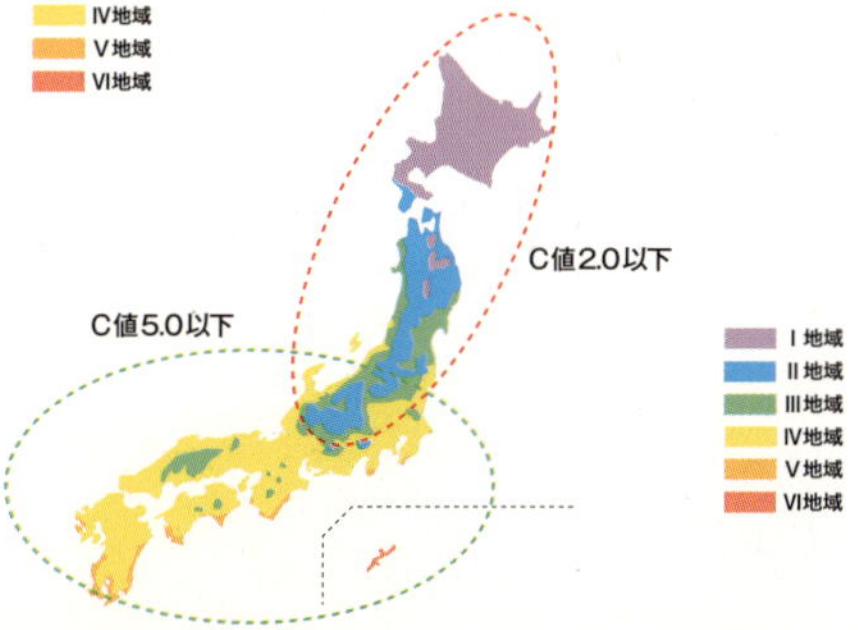

るのはもちろんですが、現実的にはドイツと日本では気候がまるで違うし、日本の国土を見わたしてみても、北海道と沖縄、日本海側と太平洋側では、気温も湿度もまったく異なってきます。近年では、日本の風土に適した「パッシブハウス」という考え方も生まれているようです。

それでは、「断熱」「気密」「換気」をそれぞれ解き明かしていきましょう。

日本の住宅には「断熱」と「湿気対策」が重要

住宅には断熱性能が求められます。どんなに高性能な冷暖房器具があろうとも、そして

What is styles of "passive house" in Japan?

それらのエネルギーをまかなう優れた太陽光発電を設置していようとも、住宅から熱（温かい空気や冷たい空気）が逃げてしまっては、元も子もありません。それは、ざるで水をすくっているようなものです。

日本の気候を考えた場合、暑さ対策と寒さ対策のふたつを勘定に入れなければなりません。「夏は涼しくて快適だけど、冬が寒い」では話になりません。その逆もまたしかり。

もっといえば、梅雨時などの湿気対策も必要です。このあたりは、空気がからっとして、夏場も比較的涼しいドイツとは大きな違いかもしれませんね。

では、日本では、断熱性能を高めるために、どうしたらいいのでしょう。

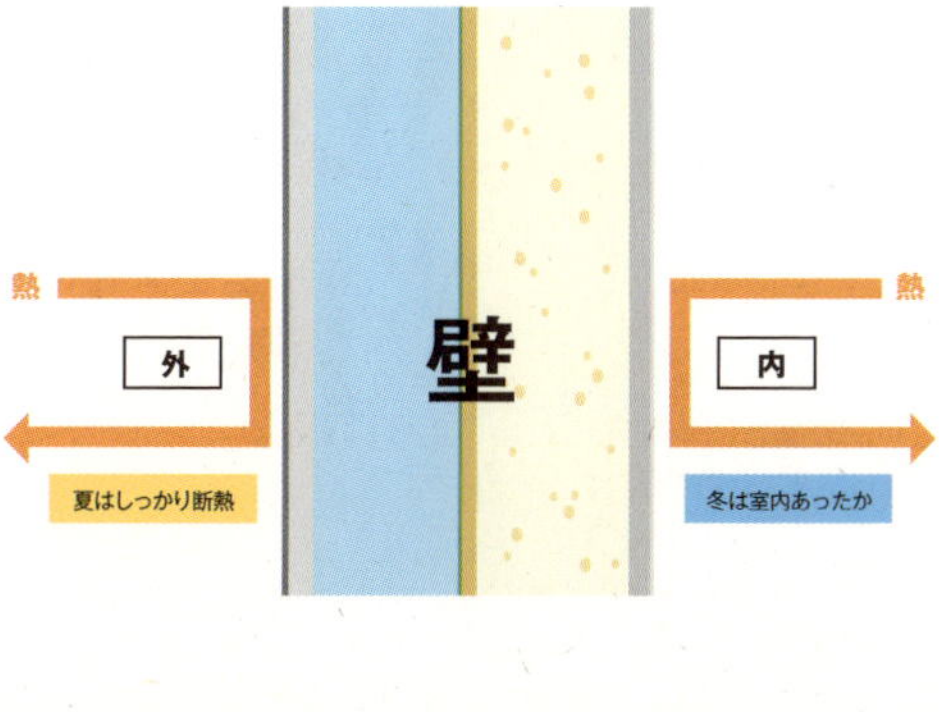

夏は涼しく、冬は暖かいというのが、理想の体感温度だと思います。この理想を実現する上で、家の断熱は欠かせません。外からの熱（冷気）は遮断し、中の冷気（熱）は逃さないことが大切です。

まずは、壁の厚さが重要です。壁が厚ければ厚いほど、熱の逃げる量は減っていきます。専門的には断熱性能を表す際に、熱貫流率・U値という数値が用いられます。

これは家の中と外で、1度の温度差があるとき、1時間に1㎡を通過する熱量を求めた数値です。その数値が低ければ低いほど、断熱性能が高いことを表します。

素材別にこのU値が1W／㎡Kである状態をつくり出すために、各素材にどれほどの厚みが必要かを示した数値があります。

コンクリート壁：厚さ1・5メートル
石膏ボード壁：厚さ15センチ
無垢木のパネル壁：厚さ9センチ

What is styles of "passive house" in Japan?

(『世界基準の「いい家」を建てる』より)

ちなみに、先述したように「パッシブハウス」の基準は0・15W／㎡Kです。日本の省エネ基準のうち、もっとも進んでいる次世代省エネ基準Ｉ地区（北海道）では、壁で0・35W／㎡Kが求められています。

ちょっと話がややこしくなってきましたが、コンクリートや木材といった素材だけで、断熱性能を保とうとすれば、現実的にはあり得ないような壁の厚みが必要になります。

そこで登場するのが断熱材です。

その断熱材には、いくつか種類があり、使いかたもさまざまです。「外断熱」や「内断熱」といった言葉を耳にしたことがありませ

U値＝1W/㎡k になるために
必要な素材別の厚み

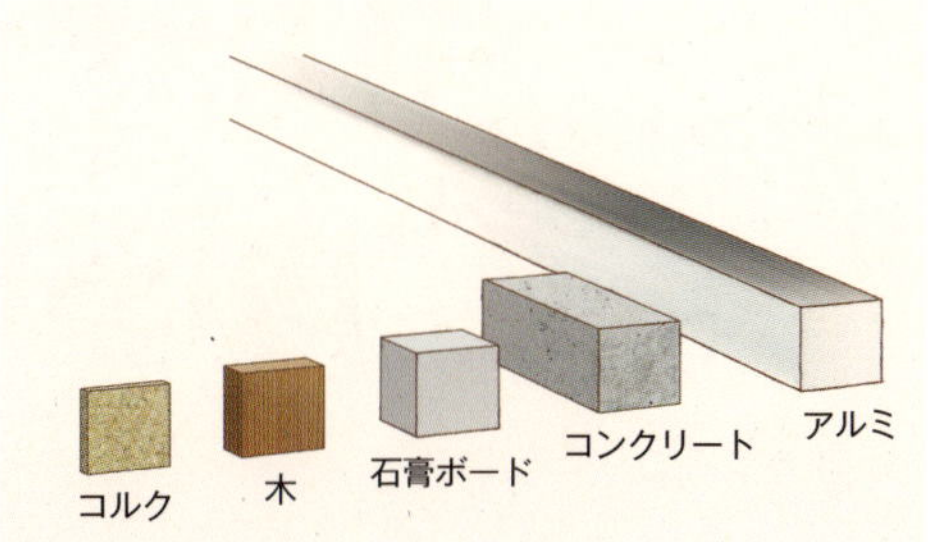

イラストを見てもらえば、一目瞭然。自然素材である「木」の断熱性の高さがうかがえます。(『世界基準の「いい家」を建てる』より)

んか？　ちょっと詳しい方であれば、「そのどちらがいいのか」といった議論があることもご存知でしょう。

いずれも一長一短ありますが、ローコスト住宅にありがちな簡易な内断熱では、外壁と内壁の空間にある断熱材が結露により、本来の機能を発揮しなくなるケースがあります（壁内結露）。

ひどい例では、内壁をはがしてみると、断熱材が水分を含み、その重みで下のほうにずり落ちていることも。

誤解を恐れずにいうと、下に溜まった断熱材は、もはやカビの生産工場と化し、そうなってしまっては、家の中で暮らす人を守るべきはずの断熱材が、攻撃する側にまわってしま

What is styles of "passive house" in Japan?

います。日本のような湿度の高い気候では、結露対策もたいへん重要なことです。

家と住む人を徹底的に守る「本気の断熱」とは

「casa sole」の壁は、普通の住宅の約1・5倍の厚みがあります。

その厚さの理由は、断熱層と遮熱層を持っているからです。

この断熱構造が持つ性能は、日本で一番の寒冷地である北海道を基準としています。

「断熱」がある意味、冬対策だとしたら、夏場の対策としては、「遮熱」という考え方も大切になってきます（広義では、断熱性能の範

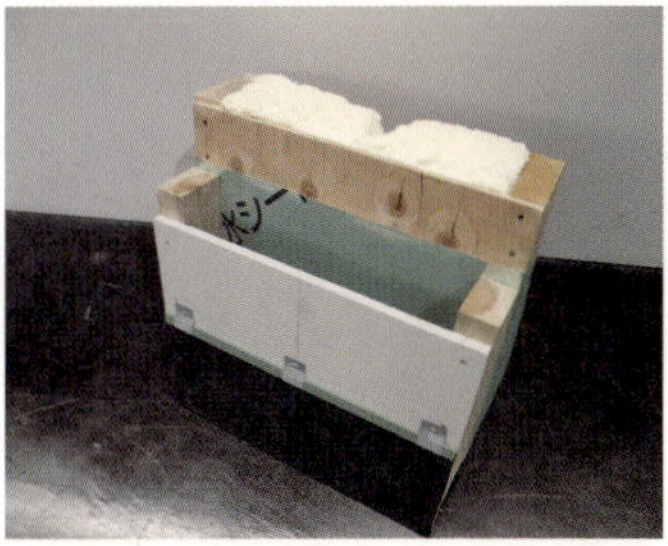

「casa sole」の外壁は、8層にもわたる構造で、通常の住宅の壁よりも1.5倍近く厚い壁を採用することで、断熱性能を向上させています。

「casa sole」の壁

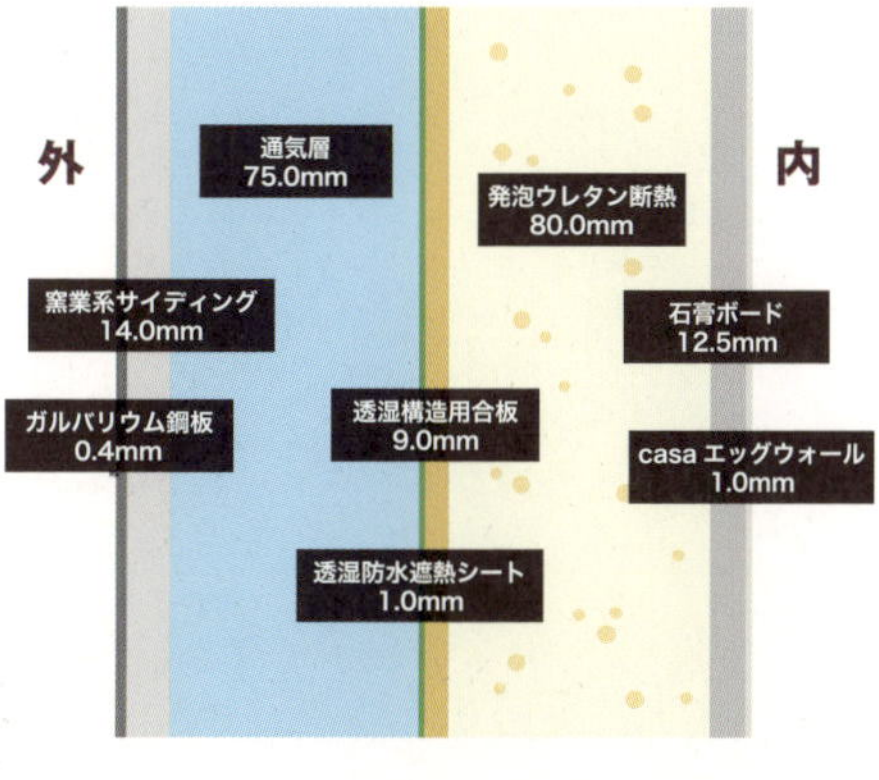

疇）。

夏場の強い日差しは、室内の温度を大きく上昇させます。「casa sole」では、断熱層の外側に反射率の高い遮熱シートを一枚入れ（P43、図と写真参照）、その外側に通気層を設けることで、太陽熱をしっかりと遮熱します。

断熱性能を高める上では、窓ガラスもたいへん重要な役割を果たします。

住宅はあらゆる場所から熱を損失（取得）します（P49、図参照）。そのもっとも大きな場所が、実は窓ガラスです。家の中でつくった冷気（暖気）のほとんどを、窓ガラスが逃がしてしまっているのです。

insulation, airtightness, ventilation

ドイツでは２００８年より「エネルギーパス制度」が施行されました。

すべての新築住宅に年間のエネルギー消費量、ＣＯ２の排出量の表示を義務づける制度です。これにより、新築住宅がＡからＩまでの等級によってランク付けされます。

グレードの高い等級を得るためには、窓にトリプルガラスを採用することがスタンダードとなっています。

２層のいわゆるペアガラスですらおぼつかない日本の住宅事情では、ちょっと考えられない話です。当然、トリプルガラスはコストが高くつきますが、進んでいる国の住宅ではそれだけガラスの性能に重きを置いている証でもあるのです。

「casa sole」では、「トリプルサッシ」を採用。三層となったガラスは、断熱性能はもちろん、結露の低減、紫外線もカット。

「casa sole」では、日本ではじめてトリプルガラスを標準装備しました。しかも、サッシの部分には樹脂を採用。窓ガラスの断熱性能とともに、サッシ部分も断熱の要となるからです。

ヨーロッパでは、住宅における「ヒートブリッジ」対策に真剣に取り組んでいます。「ヒートブリッジ」を日本語に訳すと「熱橋」。建材を通して、住宅の内外に熱が伝導することを「ヒートブリッジ」といいます。

この「ヒートブリッジ」の最たるものが、日本の住宅ではアルミサッシです。

日本の住宅では、目にするサッシのほとんどがアルミですが、アルミは建材の中でもとりわけ熱伝導率が高いものです。どんなに優

insulation, airtightness, ventilation

秀なガラスを取り入れても、アルミのサッシでは、サッシ部分で熱の交換が大量に行われてしまうことになり、まさしく〝仏つくって魂入れず〟となってしまうのです。

これは、大げさな言い方をすれば、日本の住宅事情では喫緊の問題だと思われます。

「casa sole」の断熱対策は、これだけにはとどまりません。オプションでの設定ですが、外付けブラインドを推奨しています。

外付けブラインドは、日本に古くからある「すだれ」や「よしず」の存在に近いものかもしれません。

「casa sole」の外付けブラインドは、外部からの日射エネルギーの約80%をカット

遮光、遮熱、通風、すべてにおいて優れた性能を発揮する外付けブラインド（「casa sole」ではオプション設定）。

し、熱から「室内環境」を守ります。

近年、ヨーロッパの建築物ではよく見かけますが、ヨーロッパでも古くからある「ファサード」に近いものといえるでしょう。

住宅の性能が数値で見える「Q値」と「C値」

「気密」と「換気」は、お互いに関連性のある事柄なので、一緒に話を進めていきたいと思います。

先ほどから、いかに「断熱」が重要であるかを説明してきましたが、その「断熱」も、「気密」なくしては成り立ちません。

壁に高性能な断熱構造を取り入れても、家

What is Q?
What is C?

のどこからか空気が漏れていては、なんの効果も得られません。

とはいえ、家の中を完全に密封するわけにはいきません。新鮮な空気が入ってこなければ、生きていけませんから。

熱を逃したくない（侵入させたくない）にもかかわらず、空気は入れ換えたいという、矛盾する行為を両立させなければ、快適な住宅とはいえないのです。

住宅の気密性能を知る上で、手がかりとなる数値があります。「Q値」と「C値」です。「Q値」は熱損失係数と呼ばれ、住宅の内部と外気の温度差を1度としたときに、1時間のうちに、床面積1平米あたり、建物内部か

Q値

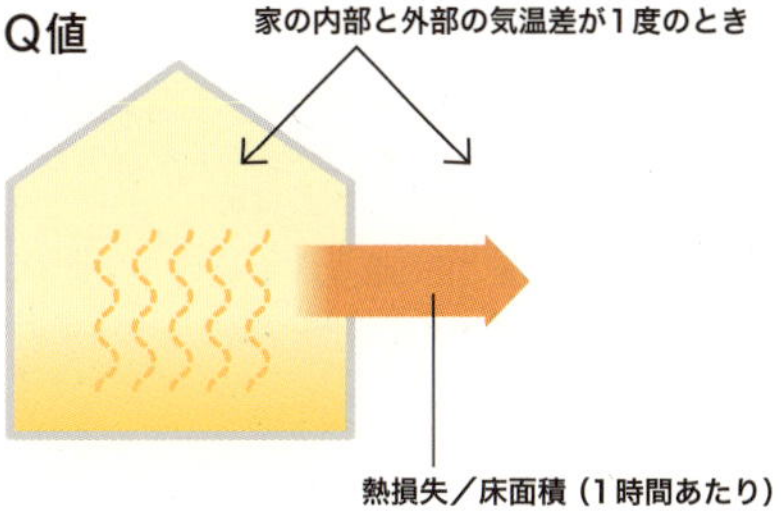

C値

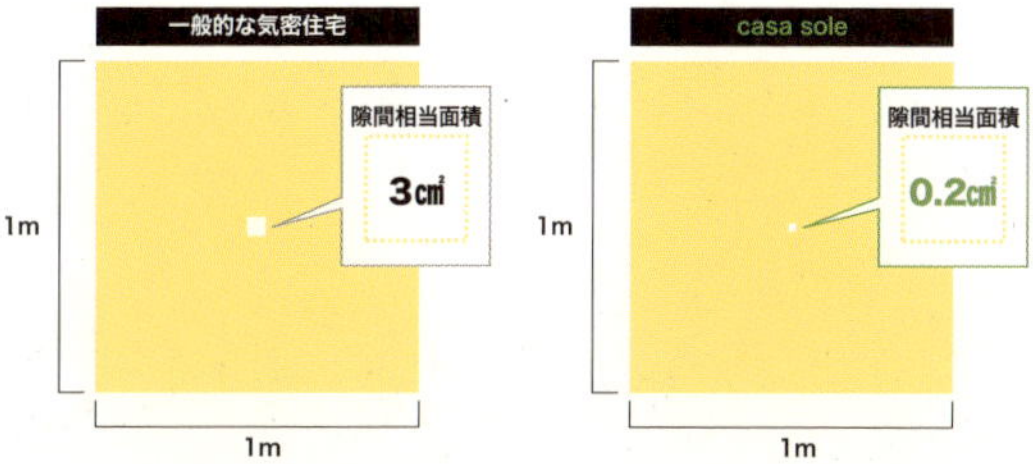

図上：Q値とは、家の断熱性能を示す数値。数値は少ないほどいい。「casa sole」では、Q値＝1.6を実現。これは日本でもっとも基準（次世代省エネ基準）の厳しい北海道で適合する数値です。

図下：C値とは、家の気密性能を示す数値。数値が少ないほどいい。「casa sole」では、C値＝0.2以下を実現。ちなみに、日本の一般的な住宅の数値は2.0以下です。

ら外界へ逃げる熱量をあらわしたものです。

もう少し詳しく説明すると、外壁や屋根、窓などから逃げる熱の量と、換気などによって失う熱量を足し、住宅の床面積で割って算出したものです。

「C値」は、隙間相当面積と呼ばれ、同じ面積の中にどれだけ隙間があるかを表した数値です。C値は、数字が低いほど、気密性能が高いことを表しています。

なんだかややこしいQ値やC値の話ですが、以下のことだけは覚えておいてください。

Q値が低ければ低いほど、その家の断熱性能は優れています。次世代省エネルギー基準では、東京など多くの地区が該当するⅣ地区で2・7（P37、図参照）という数字が示さ

What is Q?
What is C?

れています。そして、「casa sole」は北海道地区と同等の1・6です。

　Q値は、その住宅にかかる冷暖房負荷と比例していますので、数値が低いほど省エネ住宅であることを示します。

　ただし、住宅が高断熱、高気密であることはいいことだと思われますが、普通に暮らしていれば、窓を開けて、空気の入れ換えをしたくなるものです。一般的には、1時間のうちに家の容積の半分の空気が入れ替わる換気計画が求められてもいます。

　窓を開け放って開放感を得たいという、気分的なものは別として、換気ということだけを考えれば、窓を開けないでも換気がなされていれば、それで問題はないでしょう。

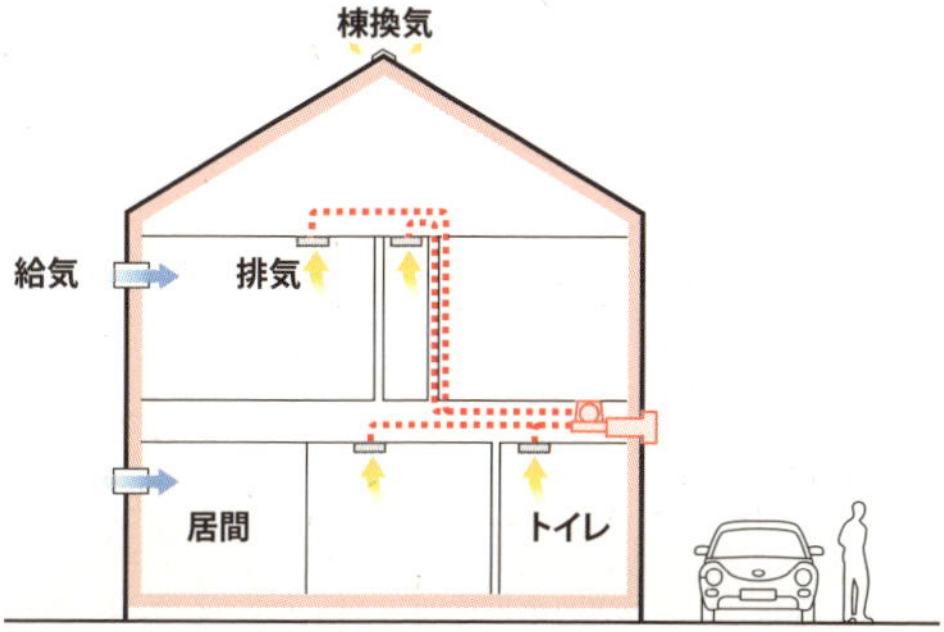

「casa sole」では、家の各所に配置された排気口より、室内の汚れた空気を一カ所に集め、まとめて家の外へ排気。屋外からは新鮮な空気を、空気清浄フィルターを通して吸入します。つまり、24時間換気計画がなされたシステムなのです。

パッシブハウス研究所でも、熱を逃さずにいかにして換気を行うかをさまざまな形で実現し、現在でも研究を続けています。

「casa sole」においても、適切な換気量を計算し、常に新鮮な空気の中で過ごせるよう、独自の排気、吸気システムを採用しています（P51、図参照）。

住み手の意識が住宅の世界に変革をもたらした

駆け足で「パッシブハウス」について説明してきましたが、「パッシブハウス」とはつまるところ、22世紀型の〝いい家〟ということではないでしょうか。

House, which will be sustainable in twenty-second century

たとえばクルマの世界に置き換えてみると、住宅がどういう変節の時期にあるかを、容易に想像していただけるかもしれません。

周知のように、不振の続く自動車業界ですが、ある分野のクルマだけは売れ続けています。エコカーです。

ハイブリッドや高燃費ディーゼルといった革新的な技術やシステムで、自動車１００年の歴史に革命をもたらしました。

これまでのように、ガソリンだけに頼らない、未来のモビリティを視野に入れたクルマです。

その革命をもたらしたのは、直接的には新しいテクノロジーですが、革命を支えたのは、いや、一時的な革命に終わらせず、定着させ

たのは、そういったクルマに「乗り換えよう」というユーザーの意志です。

住宅の世界にも革命が起きました。

前述したように、ドイツでは「エネルギーパス制度」がスタートしました。２００９年からは、ヨーロッパの国々でこの制度が採用される動きが出てきました。

時を経ずして、この制度が世界中の住宅業界のスタンダードになりそうです。

次の世代へどんな住宅を残していくべきか

視点を変えると、われわれ日本人にとって、「パッシブハウス」の考え方は、西洋文明か

House,which will be sustainable in twenty-second century

らやってきた〝新しい何か〟ではありません。

日本には古来、竪穴住居がありました。地中に深く穴を掘り、そこに家を建てたのです。その理由は、地中は、地表の温度とは違い、夏は涼しく、冬は暖かいからです。

地中の温度は、その土地に注がれる太陽熱の量と比例するといわれていますが、その土地の平均気温が、地表の温度だそうです。

利用できるエネルギー資源が少ない昔の人は、そうやって快適な住宅を手に入れていたのです。

「今日のような言い方をすれば、断熱・気密をしっかり行い、屋上緑化、屋根緑化ということまでやっている」と、建築家の野沢正光さんは前出の著書の中で指摘しています。

人類は、さまざまな「火」を手にいれてきました。しかし、もう新しい「火」は必要なく、今ある「火」を賢く利用し、最小限度のエネルギーで快適な暮らしを実現する時期にきているのかもしれません。

そして、それはわたしたちの手の届く範囲で、実現が可能となったようです。

20世紀を継承した21世紀型の住宅を建てるのか。それとも、22世紀にも通用する住宅を建てるのか。

あとはみなさんが、選ぶだけです。

House, which will be sustainable in twenty-second century

3章 地球と人にやさしい家

「いい家」＝「住み続けられる家」を考える

人生に「たら」「れば」は禁物ですが、こと住宅づくりに関しては、とても重要なことではないでしょうか。

家の設計図は「たら」「れば」の極み。当たり前ですね、実物をつくる前の、仮想の家を紙の上に建てたものなのですから。家を建てる際、設計図や図面などに目を通さない建て主はいないでしょう。それこそ目を皿のようにして、「この間取りをこうしてほしい」と依頼することもあれば、図面に採用されているドアノブを「こういう形のものにしてほしい」などと、細部にまで目を配ります。

そうしたクローズアップ的な視点も大切ですが、その前に、視野を広角レンズに変え、まずは俯瞰した目線で家づくりを見直してみませんか。

たとえば、住宅をサスティナブル（持続可能性）という視点から見つめ直してみる。するとその「サスティナブル」の帰する先には、地球であり、やはり人の姿が見えてきます。この章ではまず、２００年間という大きな時間のなかで、住宅を考えていきます。

「家族の人生とともにある家」200年シミュレーション

ローコスト住宅を
1,280万円で建てました

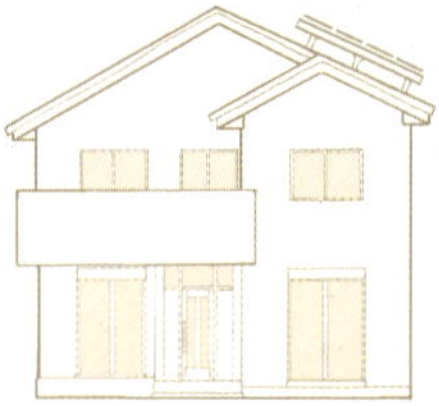

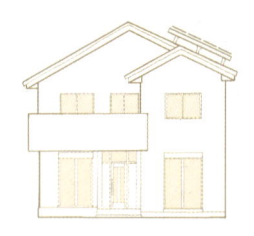

35年ローン
（月々48,000円
総返済額 1,989万円）
※【フラット 35】を利用

casa soleを
1,780万円で建てました

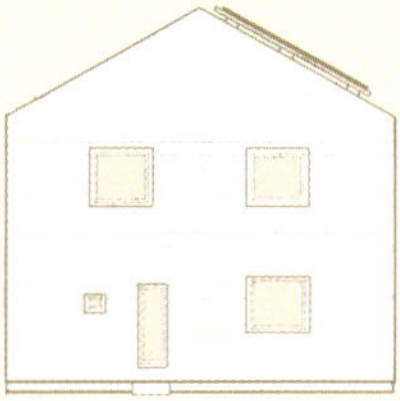

35年ローン
（10年目＝月々57,000円、
11年目～35年目
＝月々64,000円
総返済額 2,579万円）
※【フラット 35】Sを利用

K夫妻
（夫 35歳・妻 33歳）

30年の寿命で、メンテナンスは最低でも3回!?

K夫妻。夫35歳、妻33歳。二人は家を建てようとしています。ちなみに、5年以内には子どもが生まれていると想定します。

今回、2通りの家づくりのパターンを用意しました。ひとつは、近年人気の「ローコスト住宅」。もうひとつは「casa sole」です。

上の表と併せてご覧になってみてください。「ローコスト住宅」は1280万円で、35年のローンを組み購入。「casa sole」は1780万円で、35年のローンを組み購入。

組んだローンは、「フラット35」です（この

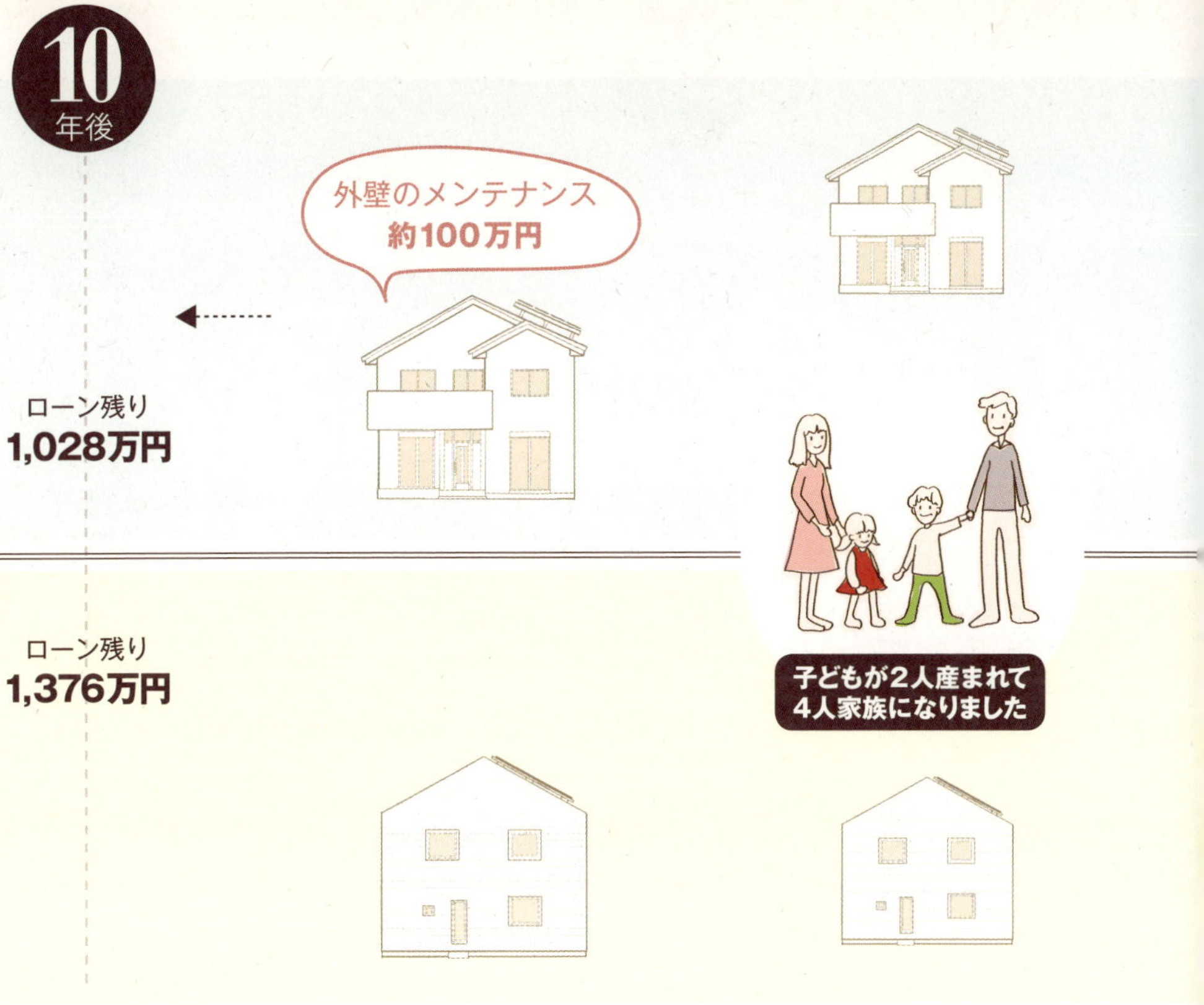

ローンの特徴は大きく三つ。最長35年間金利が変わらない。借入時に返済額が決まるので、長期のプランが立てやすい。民間金融機関と住宅金融支援機構の提携により生まれたローンなので安心。

家は買ったら、それで終わりではありません。メンテナンスが必要です。つまり、何年かおきに、さまざまなメンテナンス費がかかります。

このシミュレーションでは、比較的金額の大きい出費を中心にして、新築購入時から２００年の時の流れで見ていきます。

２００年という数字は、三世代にわたってその土地で暮らすというライフスタイルから設定した数字です。

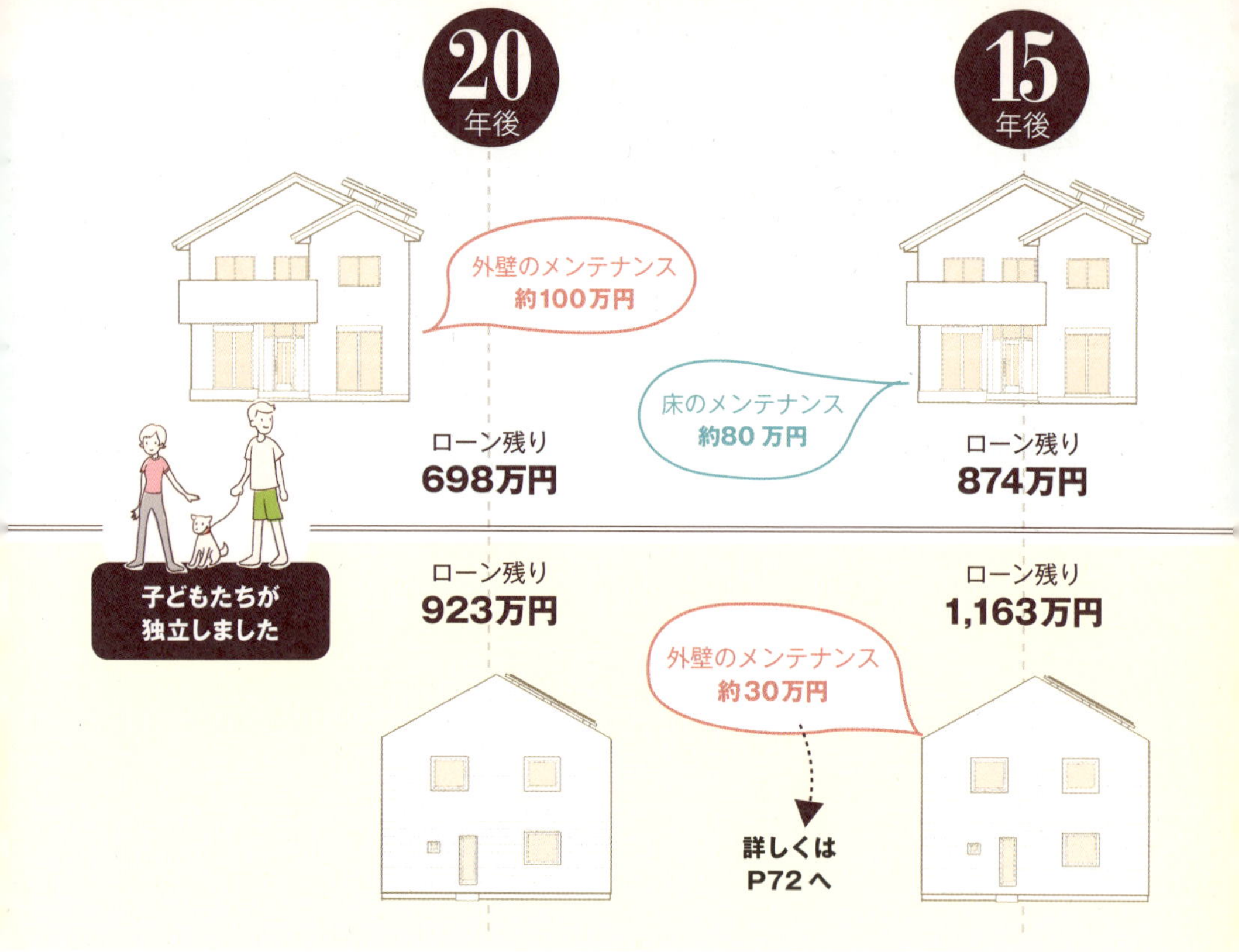

まず、家を建ててから約10年後に、「ローコスト住宅」では外壁のメンテナンスが必要となります。

もちろん、立地条件、住環境、外壁の素材等、個体差はありますが、建築業界では、現在の住宅で多用されるサイディングという素材だと、その耐用年数は7～10年というのが通説です。

日本の住宅の寿命が、だいたい30～35年くらいといわれていますから、3～4回の外壁メンテナンスが入る計算となります。一回の外壁メンテナンスの費用を100万円とすると、トータルで3～400万円かかります。

あまり意味のない計算かもしれませんが、200年間のうち12回ものメンテナンスが入

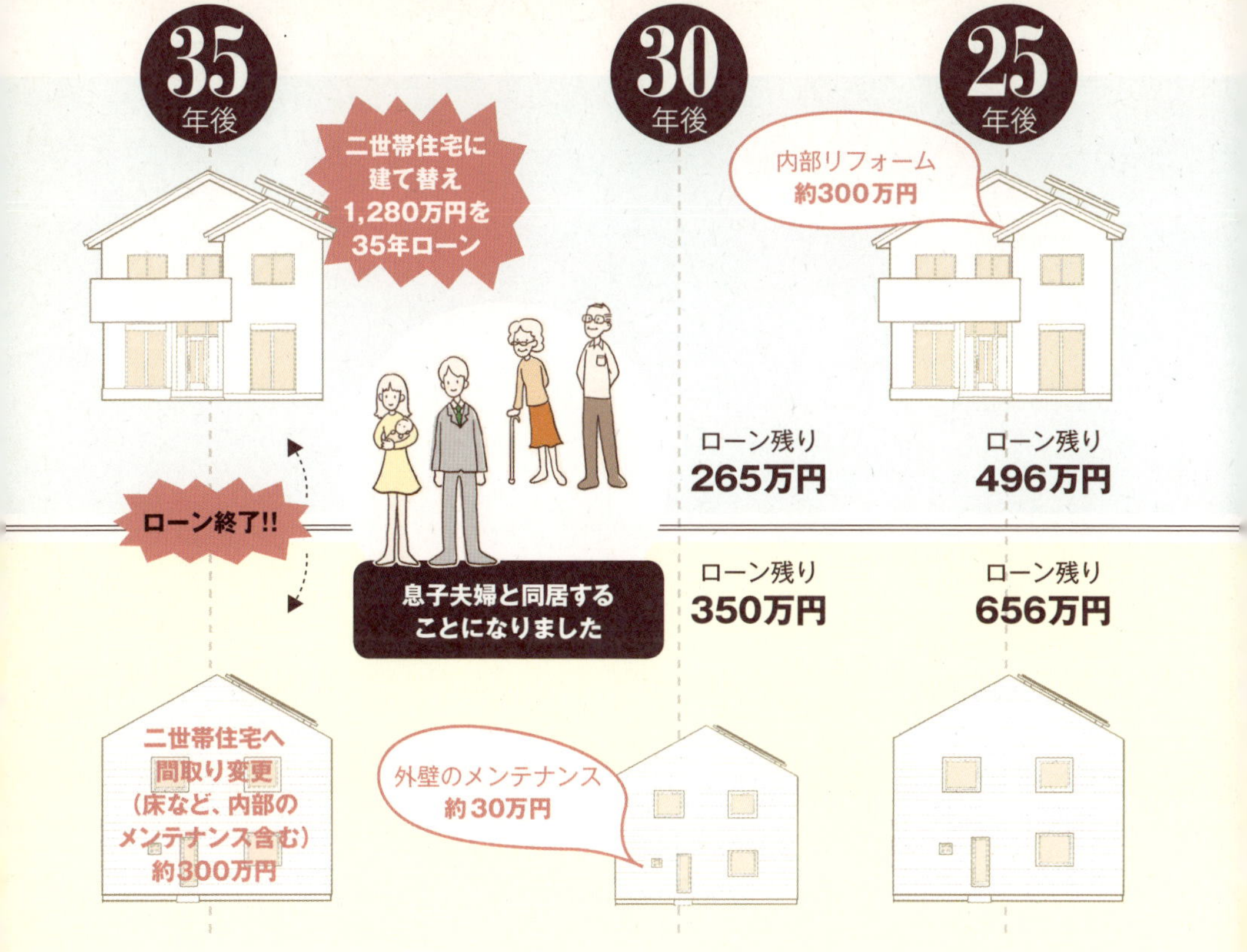

る計算となり、そのトータル金額たるや……もういわずもがな、ですね。

メンテナンスが最小限なら、出費も最小限！

「casa sole」の外壁メンテナンスを見てみましょう。「casa sole」では、だいたい15年目くらいに外壁の補修が必要となります。「ローコスト住宅」と比べると、1・5〜2倍の年数です。その理由は、「casa sole」の外壁にはガルバリウム鋼板という素材を使い、その取りつけ方にもひと工夫がされているからです（詳しくはP72へ）。

後ほど詳細にわたって紹介しますが、「casa sole」の寿命は200年を想定してい

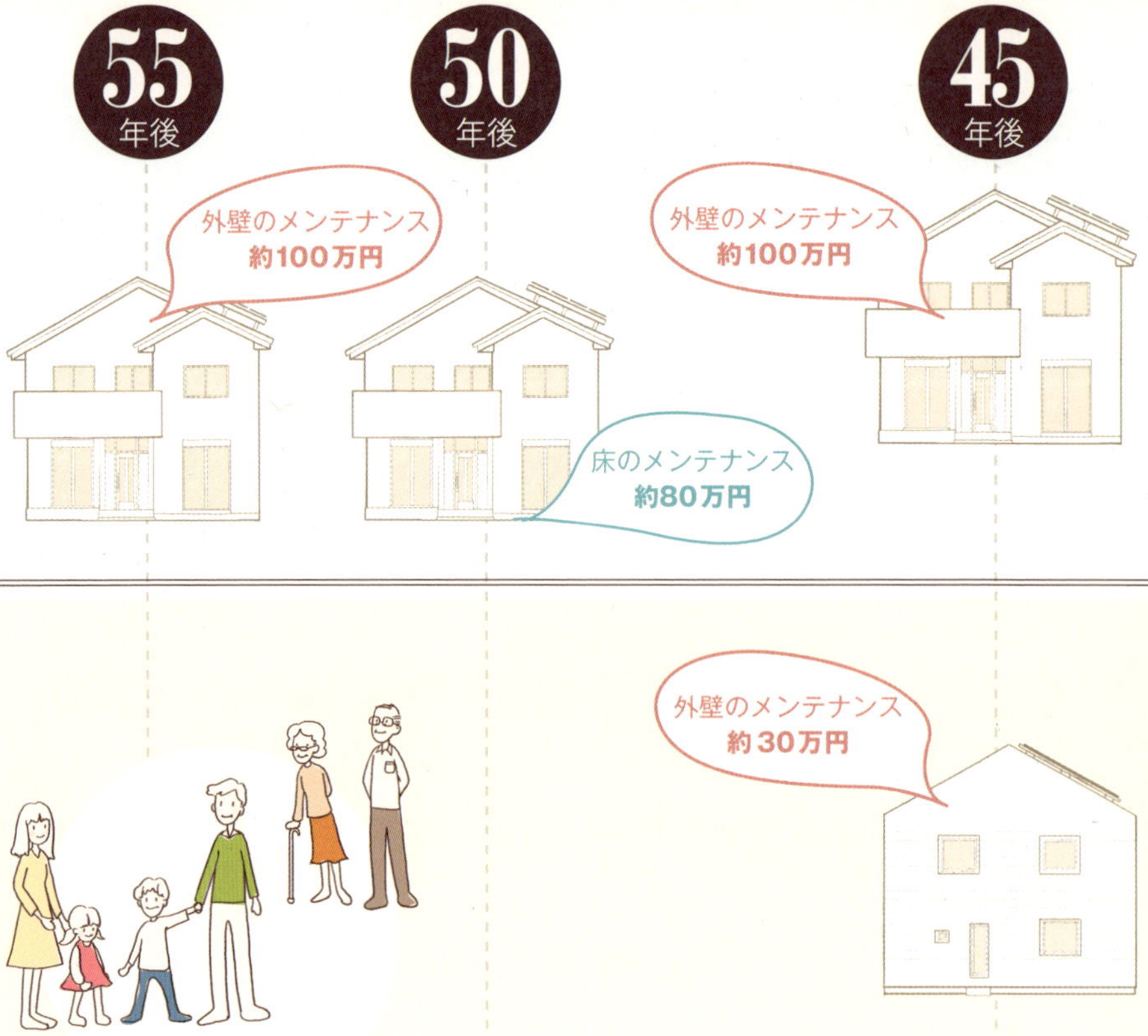

ます。これを前提に計算すると、外壁のメンテナンス回数は、13回前後とみていいでしょう。しかも、基本的に塗り替えだけですみ、その費用も約30万円です。

詳しく計算するまでもなく、「ローコスト住宅」と「casa sole」とでは、その出費に桁が違ってくるほどの差が出てくることになるようです。

「フローリング」と「フローリング調」の差

メンテナンスは、外壁だけに留まりません。床の張り替えも必要です。

最近は、フローリングを採用する住宅が主流です。そして、そのフローリングは、イミ

テーションであることが多いようです。要するに無垢の木材を床に敷くのではなく、見た目が木目というフローリングのことです。

今回の「ローコスト住宅」をそういったフローリングを使っていると仮定すると、およそ15年でメンテナンスが必要となってきます。１回の張り替えにかかる費用も相当なものです。家の中のひと通りの床を張り替えるとしたら、それだけで約80万円はかかるでしょう。

一方、「casa sole」の床には、無垢の木材が使われています。この床の耐用年数は、約20年とメーカーでは考えています。とはいえ、この床は耐用年数がきたからといって、総取っ替えをする必要はありません。

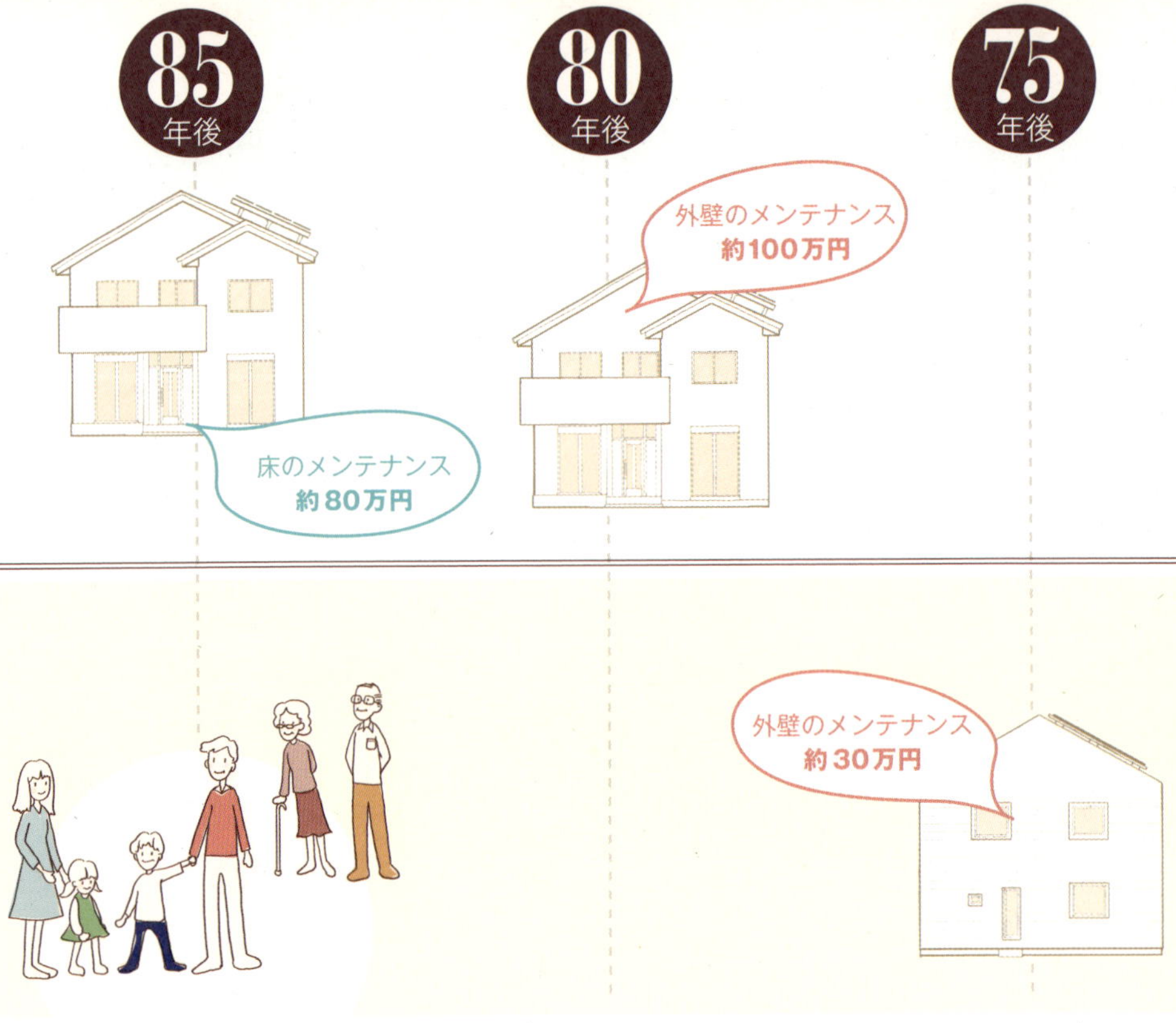

床のメンテナンスという点で考察してみても、「ローコスト住宅」と「casa sole」とでは、メンテナンスのサイクル及び費用の面で、大きな差が生まれています。

外壁メンテナンスのケースのように、改めて200年間のトータルの数字を出してみるまでもないでしょう。

ローン+メンテナンス費、200年後のゆくえ

さて、改めて家を建ててから35年後の様子を見てみましょう。

「ローコスト住宅」「casa sole」ともに、ローンが終わっています。

しかし、よく見てみると、「ローコスト住宅」

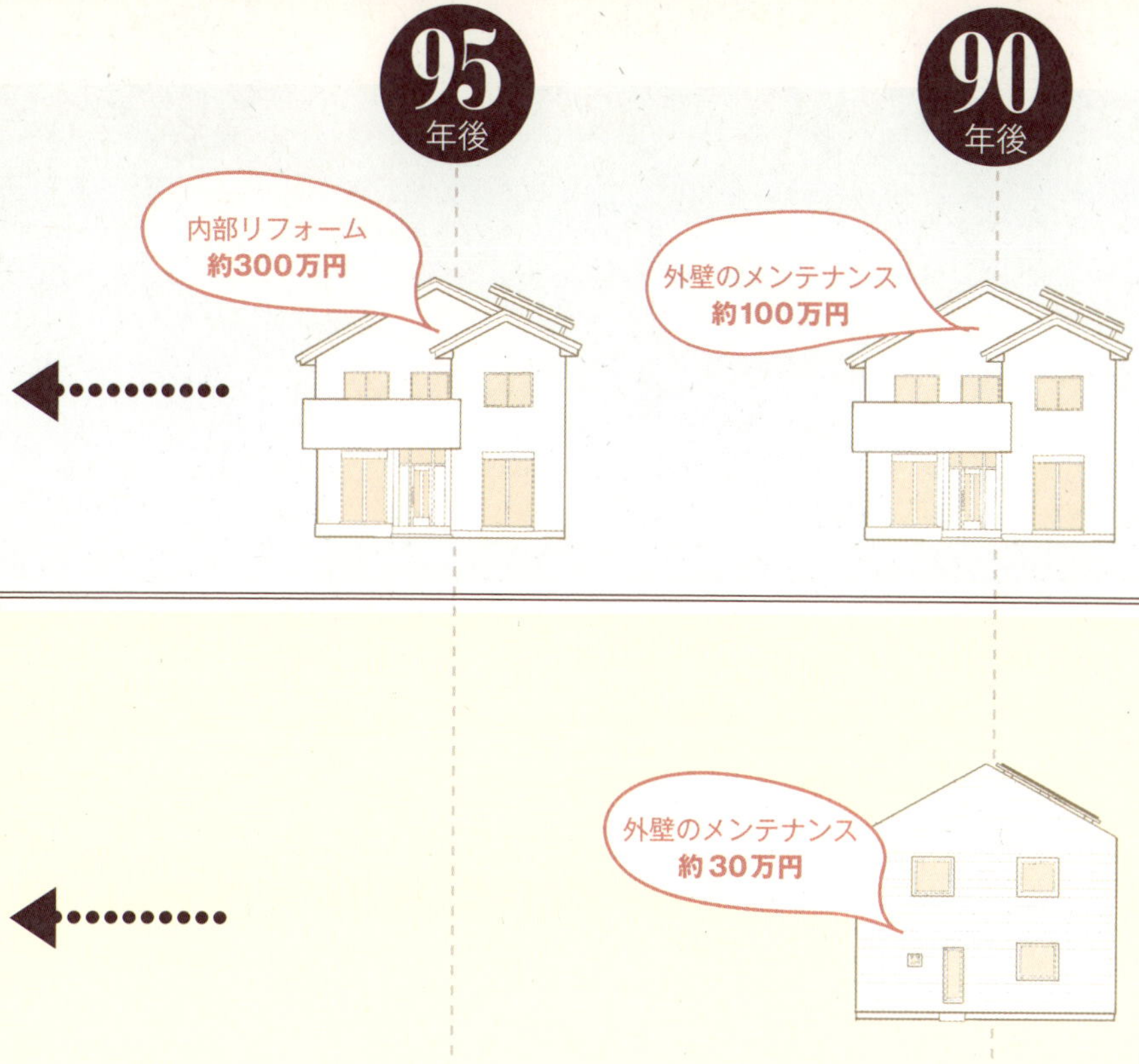

はローンを払い終えるまでに、600万円近い額のメンテナンス費がかかっています。

一方、「casa sole」は30万円ぽっきりです。その差は歴然としています。

その後、100年、200年と見ていくと、その差はどんどん開いていきます。

また、このシミュレーションでは便宜上、「ローコスト住宅」の建て替え時期を35年後に設定していますが、住宅建築の現状からして、「ローコスト住宅」を30年以上もたせることは、あまり現実的ではないといえます。

普通に考えると、200年の間に少なくとも6~7回は建て替えの必要性があるでしょう。そういった意味では、「ローコスト住宅」のシミュレーションはかなり甘くつくってあ

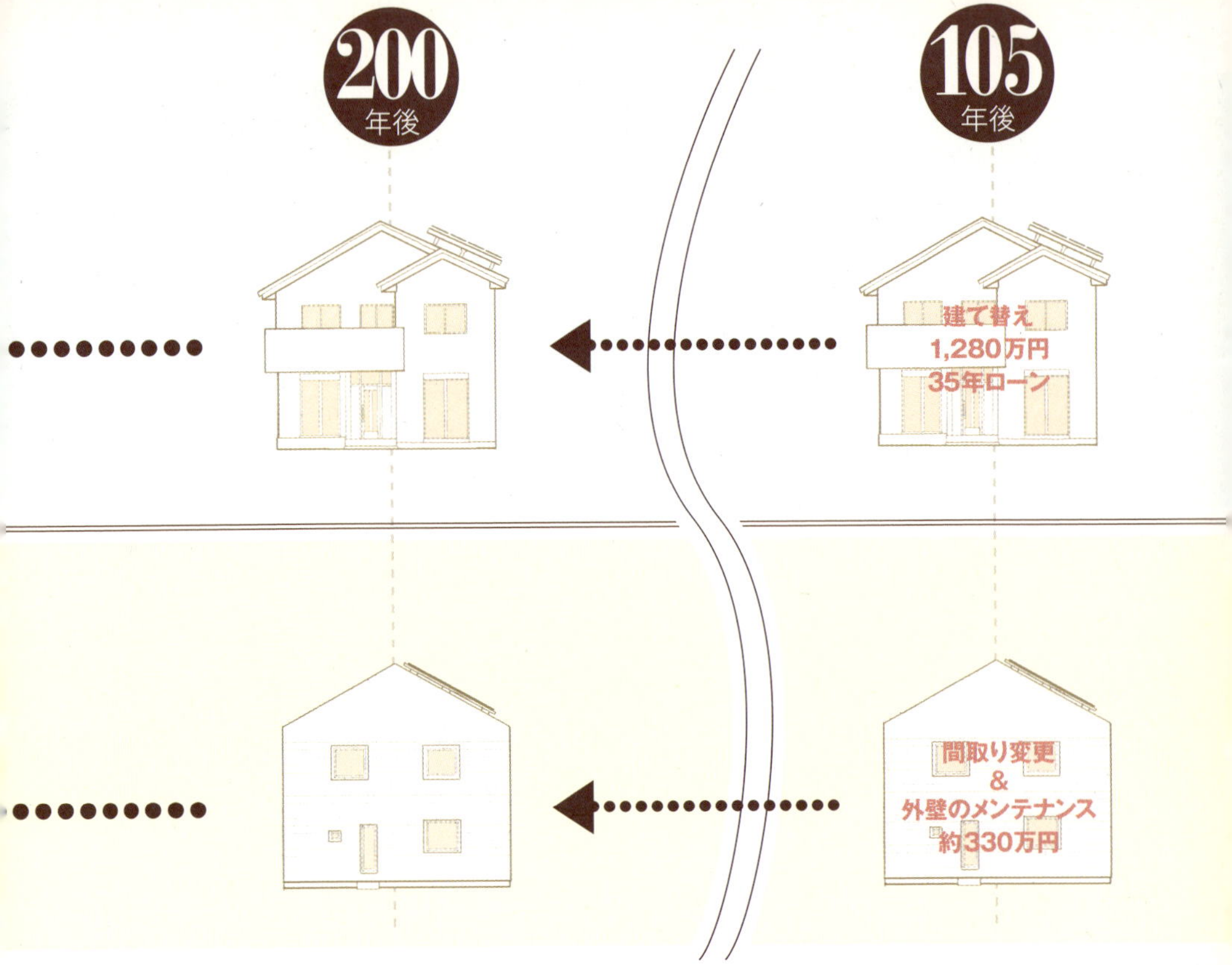

ります。

それでもなお、最終的には家の購入費から含めると、実に約７２００万円もの差が生まれています。

とてつもない金額の差が生まれる可能性を理解していただけたのではないでしょうか。

「世代を超えて受け継がれる家」の真の価値とは

絵空事とはいえ、ひとつの土地に、とある家族が家を建て、その暮らしぶりを２００年間にわたって見通してみると、どういう家を建てるかで２００年後には、まったく別の暮らしが待っているようです。

単純にお金の話だけをしてきましたが、

108,600,000円

最初の家の建築代
1,280万円
外壁のメンテナンス
約100万円×12回＝約1,200万円
床のメンテナンス
約 80万円×6回＝約480万円
内部リフォーム
約300万円×5回＝約1,500万円
建て替え
＋ **約1,280万円×5回＝約 6,400万円**

36,700,000円

casa sole の建築代
1,780万円
外壁のメンテナンス
約30万円×13回＝約390万円
間取り変更＆床のメンテナンス他、
内部リフォーム
＋ **約300万円×5回＝約1,500万円**

２００年後に示したそれぞれのコストの金額は、あくまでも目安です。

それよりも、ひとつの家を三世代にわたり大切に使って過ごしてきた一家と、何度も家を建て替えては過ごしてきた家族とでは、その土地で育まれた何かが、決定的に違うような気がします。

長い時のなかで、現在の日本の住宅を鑑みると、それはまるで使い捨てのような存在に感じます。

どういった家に住むかで、その家族の地球に対する接し方がわかるといったら、いい過ぎでしょうか。

地球と人にやさしい

屋根＆外壁の秘密

「持続可能な家」はこの外壁が守っている！

外壁の劣化は思った以上に進行する

近所の住宅を、散歩がてら観察しに行ってみてください。その際、外壁の細部に目を凝らしてほしいのです。近寄って見ると、多くの家の外壁がくたびれていることがわかると思います。

塗装がはがれていたり、小さなひび割れがあったり、つなぎ目に隙間ができていたりと、外壁はさまざまな様態で消耗しています。

外壁は、休むことなく常に風雨にさらされています。経年変化は避けられません。住宅にとっての外壁は、外界と接する、ある意味、

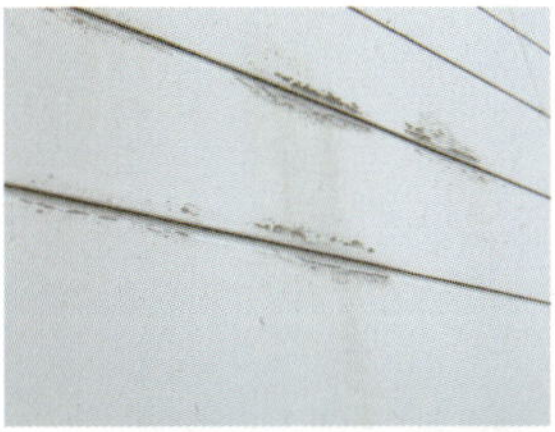

写真をご覧になっていただければ、一目瞭然ですね。近年、住宅の外壁に使われている「サイディング」の経年変化は悲惨なものです。

もっとも過酷な前線で住宅を守ってくれている存在です。だから、たとえば焼き物の貫入やジーンズの色落ちのように、単純に経年変化を楽しんではいられません。外壁は、安定した性能を維持しておく必要があるのです。

ひと昔前まではモルタルという外壁材が、近年はサイディングという外壁材が主流です。サイディング自体は安価で、種類も多く、ものによっては耐久性、耐火性に優れています。しかし、サイディング材を外壁として貼りつけていくうえで、それぞれの材の隙間をシリコンで埋めています。簡単にいうと、そのシリコン部分の劣化が問題なのです。

具体的には、そこから水が入るなどして、外壁全体の劣化へとつながっていくことが考

ガルバリウム鋼板とは

鉄板を基材としてアルミニウム、亜鉛、シリコンからなるメッキ層を持つ溶融アルミニウム・亜鉛合金メッキ鋼板を、総じて「ガルバリウム鋼板」といいます。1972年にアメリカのベツレヘムスチール社により開発された金属素材です。

通常の溶融亜鉛メッキ鋼板（通称トタン板）の3～6倍の耐久性を持つともいわれ、住宅はもちろんのこと、店舗や工場などにも使用される外装材です。

えられます。一概にはいえませんが、その寿命は10年ともたないでしょう。

「ガルバリウム鋼板」で徹底的に家を守る！

「casa sole」では、「ガルバリウム鋼板」という外壁材を採用しました。

ちょっと聞き馴染みがないかもしれませんが、鉄をアルミと亜鉛でコーティングしたものだと思ってください。なぜこの外壁材を使用したかというと、外壁の寿命を延ばしたかったからです。

耐久性はもちろん、汚れにくい、色あせしにくいという利点もあり、長い間家の外観の美観を損ねることがありません。アンチエイジングな外壁材といったところでしょうか。

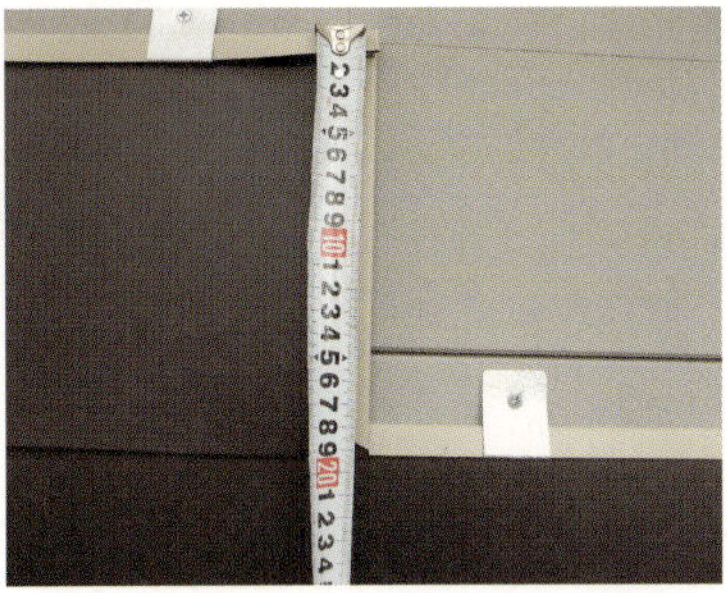

「casa sole」では、普通の住宅の外壁として使われている「サイディング」の外側に、「ガルバリウム鋼板」を取り付けます。

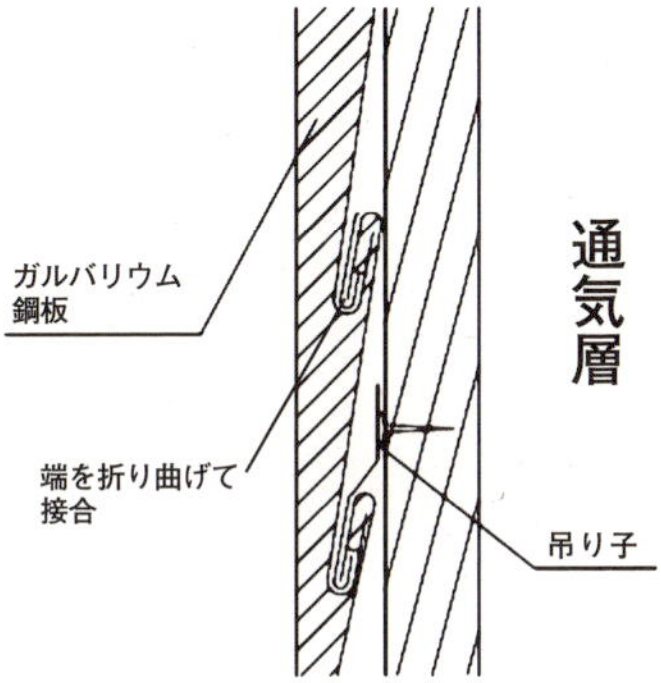

特殊な耐摩加工が施された厚さ0・4ミリの鋼板は、傷がつきにくく、ちょっとした衝撃にも動じません。また、赤外線を反射する遮熱顔料を配合しているため、屋内への熱伝導を抑制する働きを持っています。

この「ガルバリウム鋼板」一枚一枚は、それぞれの端を折り曲げて接合させているので(上図参照)、シーリング材を使って隙間を埋めるようなことはしないですみます。

さらに、「ガルバリウム鋼板」は普通の住宅で使われているサイディング貼りの上から行っています。実はそのサイディングの内側には防水シートもあるので、3重で構造躯体を守っていることになります。屋根も同様にこの「ガルバリウム鋼板」を使っています。

地球と人にやさしい
床
の秘密

天然素材100%の床が家族の生活を見守り続ける

〝木目〟と〝木目調〟はまったく違う

合板の床の仕組み

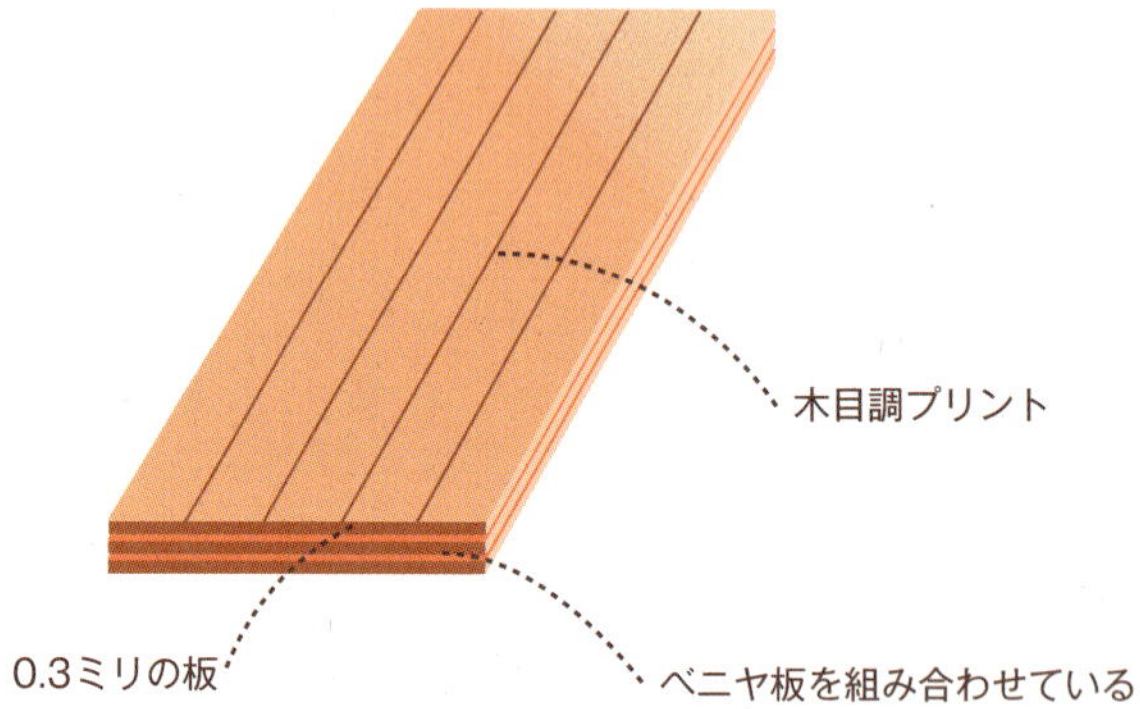

現在、フローリングと呼ばれるものの多くが、〝木目調〟の床材を使用しています。薄いベニヤ板を組み合わせた集積材の上に、0・3ミリくらいの薄い板がのり、その薄い板に木目がプリントされているというのが一般的です。

木目調のフローリングは、日々の生活の中で傷をつけてしまうと、下手をすれば下地が見えてくるようなこともあります。

また、プリントされた木目は、新品のうちはよくても、日が経つにつれ、ただ薄

イミテーションの床材。傷や汚れが目立ち、時を経て色あせてくると、さらにひどい状態に。悪くなる一方で、本物の無垢材のように、味が出て、かえって良くなるなんてことはありません。

汚くなっていくだけです。

本物の木材、無垢材であれば、時とともに、味が出てくるもの。たとえ、えぐれるような大きな傷がついたとしても、その部分だけを交換するだけですみます。はじめは周囲の材との違和感があるかもしれませんが、次第に馴染んできます。

しかし、木目調のプリントではそうはいかず、明らかに〝つぎはぎ〟の状態。そのうえ、木目調の建材は工業製品であるがゆえ、あまたの工業製品がそうであるように、メーカーは10年間在庫を持っておくのが精一杯。製品によってはそれ以下で、その品番がこの世からなくなることもあるとか。

長く使い続けようという使い手の意志が

あっても、手の施しようがない、サスティナブルとは縁遠い床材といえます。

「長く、快適に」を実現する究極の床材

「casa sole」では、天然素材100%の無垢材を使っています。

具体的にはオーク材です。ヨーロッパでは、古くから高級家具やワインの樽の材料として使われてきた、実績のある木材です。

オーク材は、強度が強く、加工性、塗装性もよく、床材にたいへん適しています。独特な木目を有しながらも、際立った主張はしないので、あらゆるインテリアに対応するデザイン性の高さも持ち合わせています。使い込むほどに味が出るのも特徴のひとつです。

無垢材は、確かに木目調の建材とくらべれば、コストは約２・５倍かかります。

しかし、よく考えてみてください。無垢材は１００年、２００年と使えます。メンテナンスも、二年に一回程度、表面に市販の床材用オイルを塗るだけで、味わいのある木目を何世代にも渡って受け継ぐことができます。

また、天然素材１００％の無垢材には、調湿効果があります。珪藻土などと同じように呼吸するのです。

湿度の高い夏は吸湿し、乾燥した冬は放湿する。

〝見た目〟だけでなく、そこで暮らす人間の健康にもやさしい建材といえるのではないでしょうか。

地球と人にやさしい

壁の秘密

「ムダなものはない！」を実践した究極のエコ壁紙

「呼吸する壁」の秘密は卵の殻！

「casa sole」では、壁紙にエッグウォールを採用しています。

エッグウォールとは、その名の通り、卵を使った壁紙。厳密には、卵の殻でつくった壁紙です。

では、なぜ卵なのでしょうか。

卵の殻の成分は約94％が炭酸カルシウム。肉眼ではわかりませんが、気孔と呼ばれる穴があいています。その数は卵1個につき、なんと7千〜1万7千です。この気孔を通して、

エッグウォールができるまで

卵を洗浄し、卵を割る
↓
マヨネーズ等への加工
↓
排出される卵殻と卵殻膜を分別
↓
乾燥させた卵殻のみを収集
↓
卵殻を細かく砕き、乾燥させ、パウダー化
↓
紙の上に卵殻パウダーを吹き付ける
↓
よく乾燥させた上で、製品化
↓
エッグウォール

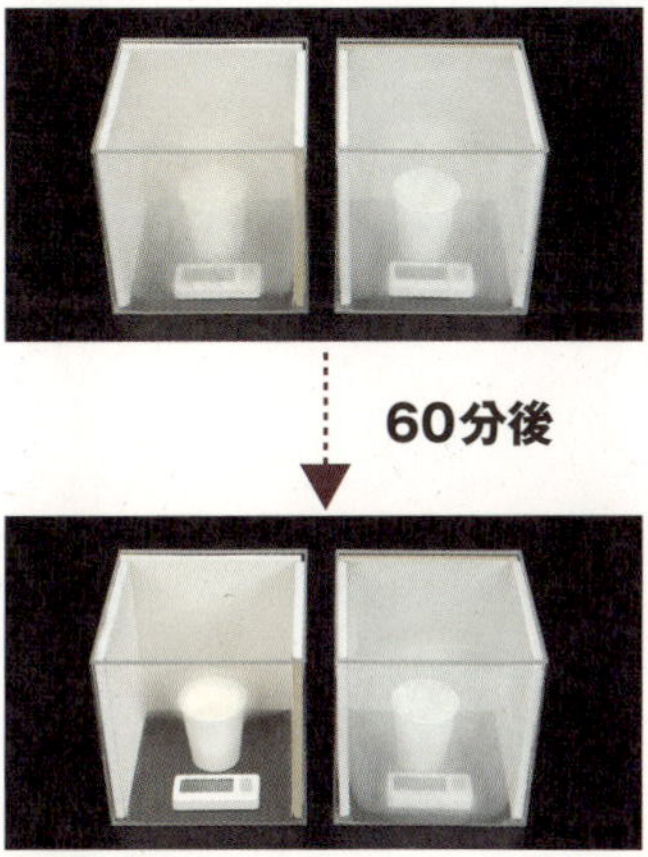

エッグウォールの家(左)とビニールクロスの家（右）を、それぞれ小さな実験箱の中で再現し、箱の中を湿度 100%にして実験を開始。60 分後、ビニールクロスの家の箱が湿気で曇ったままなのに対し、エッグウォールの家は湿度が 60%に低下。エッグウォールに明白な調湿機能が備わっていることがわかります。

卵の中に酸素を取り入れたり、内部で発生する二酸化炭素を排出したりしています。

　この呼吸するという特性を生かすべく、エッグウォールが開発されました。

体と環境をとことん思いやった壁

　エッグウォールは、無垢材の床と同じように、湿気が多ければ吸湿し、少なければ放湿してくれるので、健康の大敵であるカビやダニの発生を抑える効果があります。

　また、食用に使われる卵の殻の約80％は、廃棄処分にまわされているそうです。

　捨てられた殻をリユースするエッグウォールは、人間にだけでなく、地球にもやさしい、機能性と環境性を併せ持った建材です。

地球と人にやさしい

灯り&外観の秘密

ここまでこだわって「本当にやさしい家」が実現！

白熱 60 Wの照度に相当するLED の消費電力は８W。LED という照明は進化を続けています。コストも今後ますます下がっていくでしょう。

照明にも妥協しない。やっぱり「LED」

エアコンや冷蔵庫は買い換えますが、住宅に備え付けの照明器具は、ちょっとやそっとでは換えません。何十年と使い続けます。

そんな照明器具にも気を配れば、省エネにつながり、ひいては地球環境にもよい影響があるはずです。

「casa sole」では、ほぼすべての照明に「LED」を採用しています。消費電力は白熱灯の約7分の1、寿命は30倍近くもあるといわれています。

軒の出ていない「casa sole」のシルエットは、「パッシブハウス」の思想を応用し、日本の住環境に適合させるために生み出されたものです。シンプルで飽きのこない外観は、無駄を排し、使い勝手や快適性、さらには環境性を真剣に追求した結果なのです。

太陽の光が溢れる家にするために

先の章の「パッシブハウス」では、軒を出すことで夏の高い位置からの日差しはカットし、冬の低い位置からの日差しはたくさん採り入れるという考え方がなされています。

しかし、これは日本の住宅環境には適していません。その考えを実現するためには、かなりの敷地が必要となるからです。

「casa sole」では、逆転の発想で、軒をなくしました。冬の日差しが1階のリビングにもしっかり注がれるようにしたのです。

建築基準法の北側斜線にもかかからないため、可能な限り北側に家を配置でき、結果、南側からたっぷり採光がとれます。

4章

地震にびくともしない家

本気で「木の家」に住みたいから、徹底的に「強さ」にこだわる

住宅の工法はどんどん進化しています。それでもやはり、使う材料に関しては、今も昔も木材です。

日本で家を建てるなら、木材を使った在来工法がもっとも適しています。日本の木造建築技術は、それを支える職人さんたちを含め世界一だと思います。

人の生活を支える「衣」「食」が、その土地の気候や風土に合わせてつくられるように、「住」もその土地に適した、そして根ざしたやり方で築くのが一番です。

近年、大震災や耐震強度の偽装問題などで、住宅の強度に対する意識が高まっています。

もちろん、こうした問題がなくても、「住む人を守る」というのは家の絶対条件です。この章では、今、いかにして強い〝木の家〟がつくられるのかを、解明します。

木造住宅には〝強い〟大黒柱が必要

もともと日本の家の柱はとても太いものでした。

古民家の梁や柱を見てもらえば、一目瞭然です。太さの理由のひとつには、それぞれの木材を「ほぞ接ぎ」というやり方でつないでいたことが関係しています。

一本の柱に四方から梁が組み込まれる「ほぞ接ぎ」では、接合部の強度が大切。

専門的には「断面欠損」といいますが、軸となる柱が細ければ、おのずと接合部分の強度が弱くなってくるのです。問題なのは、近年の住宅では「ほぞ接ぎ」の技術だけが継承され、肝心かなめの柱がどんどん細くなってきたことです。

ただし、柱は「太ければいい」というものではありません。

一本の木から角材を削りだした場合、端とまん中では強度が変わります。現在、構造材には数値で表せる強度が求められています。

そこで編み出されたのが集成材の利用です。集成材とは、強度が測定されている構造材のことで、ひき板を何枚も重ね合わせ、強く安定した品質を維持しています。今、日本の〝強い住宅〟は、この集成材を大黒柱としているのです。

{強い家をつくるには?}

太い柱が必要!

日本の住宅で使われる柱は、10.5センチ角が主流。一方、「casa sole」の柱は、17センチ角が使われています。家を支える大黒柱が細くては、家人を守れません。

なぜ、柱は細いとダメなのか!

図を見てもらえばわかる通り、柱にある程度の太さがあっても、互いの材を組み合わせるために、接合部分はそれぞれ細くなっている。これを「断面欠損」といい、たとえば地震が起こったとき、この部分がポキッと折れてしまうのです。

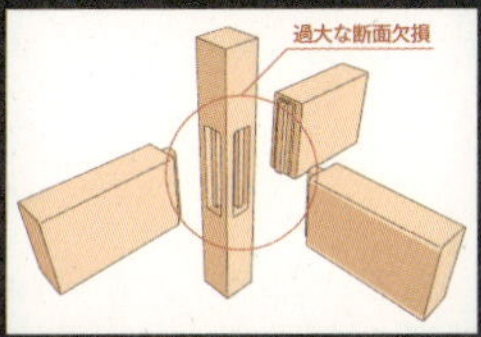

集成材は頼もしい!

集成材は、天然木材の長所をそのままに、反り、ねじれ、割れ、伸縮などの欠点を克服し、飛躍的な強度を実現した構造材です。 圧縮、引っ張り、曲げ、せん断等において、無垢材の1.3倍の強度を発揮します。狂いが少なく、長い間安定した強さを持った家をつくることができます。

どこでも強度は同じ!

ひき板一枚一枚の強度を計算し、なおかつそれらを数枚組み合わせることで、さらなる強度を持たせるとともに、柱のどの部分でも一定の強度が保たれるよう計算されています。

大空間を実現し、地震にも強い構法

先ほど「ほぞ接ぎ」の話をしましたが、その「ほぞ接ぎ」も進化しています。そのひとつが、弱点である「断面欠損」をカバーする、接合部に「ＳＥ金物」という部材を用いた接ぎ方です。

これは、木造住宅でも確かな耐震性能を得るために考案された「ＳＥ構法」の仕組みの中のひとつです。「ＳＥ構法」は、構造をフレームで支える「準ラーメン構造」を採用しています。

簡単にいうと、「鉄骨」ならぬ、「木骨」といったところでしょうか。

「準ラーメン構造」は、在来の木造建築では不可能だった、大空間や大開口を実現できます。そして、それらを支えているのが接合部の「ＳＥ金物」なのです。

「断面欠損」を最小限に抑えたこの接合システムは、１００年以上の耐久性と、13・９ｔの耐力という仕様を誇ります。

「ＳＥ構法」は、従来の木造住宅のように、筋交いなどで強度を持たせる必要がなく、大地震にも十分耐えうる構造です。

{SE構法の準ラーメン構造とは}

「SE 構法」は、もとを正せば、木造の大型建造物を建てるために考案された構法です。「SE 構法」で建てた建造物で有名なものは、たとえば長野オリンピックのスケート会場になった大型ドームの「エムウェーブ」です。こうした大規模な木造建造物でのノウハウを一般住宅に導入したのが、「SE 構法」なのです。「SE 構法」では準ラーメン構造を採用し、柱と梁を強固に接合した耐力フレームと構造用合板で、建物の変形がおきにくい安定した構造を実現しています。

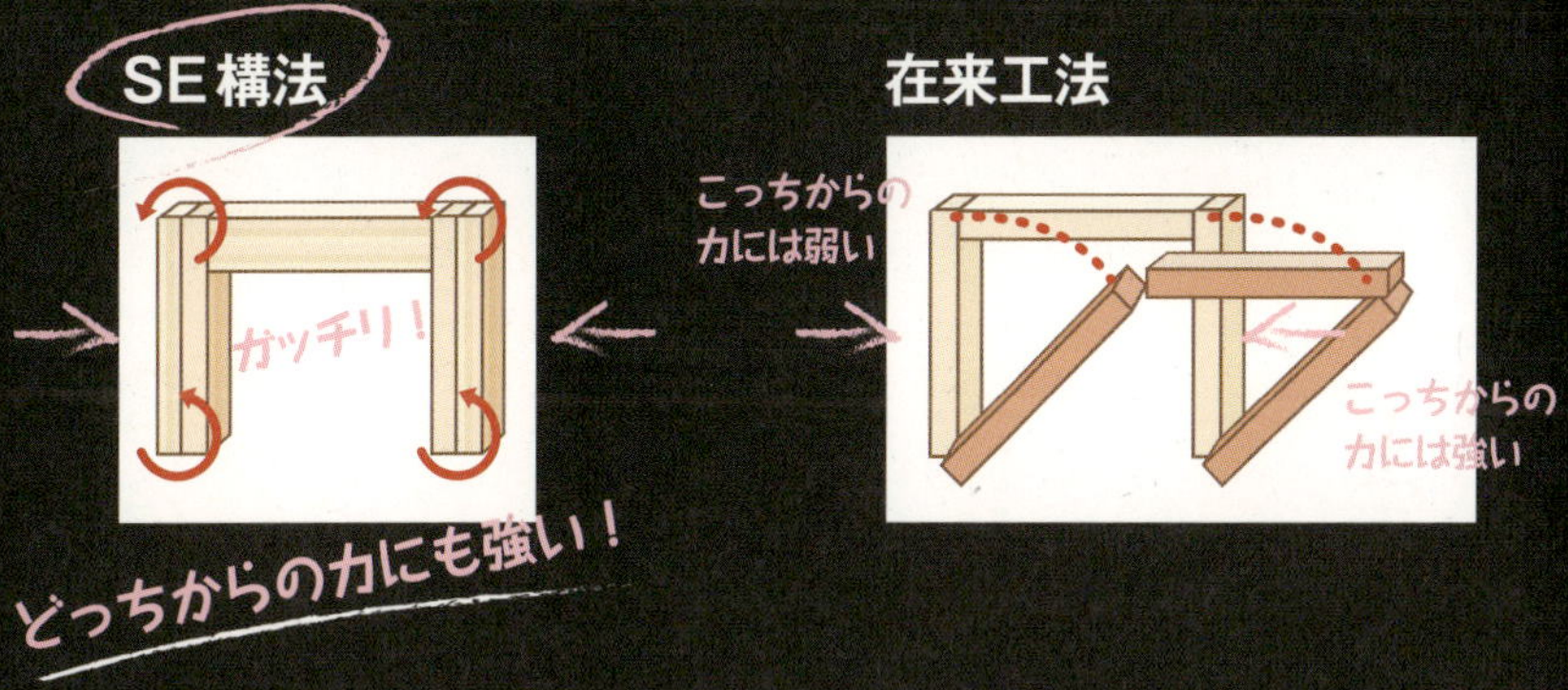

{地震に強い接合システム}

接合部に使われる「SE 金物」は、塩水を 1000 時間吹き付ける実験でも、実験前の品質レベルとほとんど変わらないものだったそうです。この試験結果は 100 年分の負荷に相当します。また、一般的な木造住宅の土台と柱の接合部分の強度は、1.6t といわれていますが、「SE 金物」を使ったシステムでは、大地震に耐えうる 13.9t の耐力があることが実証されています。

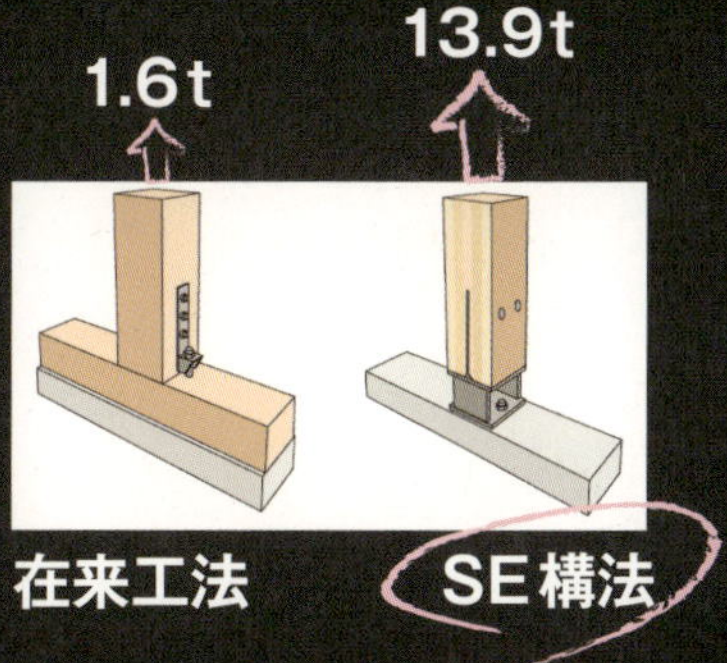

＊「casa sole」では、長期優良住宅耐震等級の範囲内で、ほかの工法も選べます。

「壁」も「床」も家をしっかり守ってくれる

太い柱、柱自体の強度、さらには柱と梁をつなぐ接合部分の強度など、地震に強い家づくりについて、これまで述べてきました。

しかし、これだけではまだ心もとないと考えます。

大地震の威力というのは、数々の惨事が物語るように、住宅にとっても、そこで暮らす人にとっても、はかり知れない脅威です。

そこで、家の骨格となる「柱」だけで強度を持たせるのではなく、「壁」や「床」にも地震から家を守る役の一端を担ってもらいます。

厚さ28ミリの構造用合板を、1階の床と2階の床に敷き詰め、あらかじめ計算された間隔で、梁に直接打ち付けていきます。

床を一体型の面構造にすることで、構造を安定させ、地震の揺れによって家にかかる荷重をバランスよく吸収します。壁に関しても、基本的には床と同じ仕組みで、構造用合板が打ち付けられます。ちなみに、構造用合板には、曲げ強度試験をパスした安定した強度品質を持つものだけが使われます。

面で支える

↓

柱と梁の土台に、さらに安定性が加わる

壁

柱の外側に 28ミリ厚の構造用合板を釘でしっかり打ち付ける。

地震や強風にもさらに強く!!

床

1階、2階の床も梁に直接構造用合板を釘で打ち付ける。

ねじれや重さにも、さらに強く!!

木造住宅でも、きっちり構造計算を

住宅には、東西南北あらゆる方向から、ときには地面から、さまざな負荷がかかります。そうした負荷に耐えうる住宅であるためには、しっかりとした構造計算に基づいた構造設計が要求されます。

住宅の構造を考える上で、大切なポイントは大別して7つ。

「重さ」「強風」「地震」に耐えうるか、そして「変形」にはどこまで耐えうるか、建物が「ねじれ」やすくないか、さらには上下階の「バランス」はよいか、「部材、接合部」に加わる力はよいか。

これらの項目において、一つひとつ科学的な証明をもってして、住宅の強さが担保されます。

先ほどから説明している「ＳＥ構法」では、施工状況の写真並びに厳格な基準を定めた「施工チェックシート」による「性能報告書」の提出が義務づけられています。報告書が提出され、安全性能が確認された住宅には、保証書が発行され、完成引き渡し後、最長で20年間保証されます。

{構造計算をするための条件}

1 柱や梁などを構成する部材の強度がわかっていること。

2 柱や梁を接合する強度の基準があること。

3 部材、接合部分の強度が一定で長い耐用年数に耐えうること。

構造の7つのチェックポイント

1 重さに耐えうる？
（鉛直荷重）

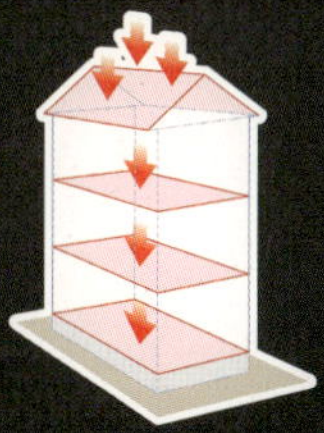

2 強風に耐えうる？
（風荷重）

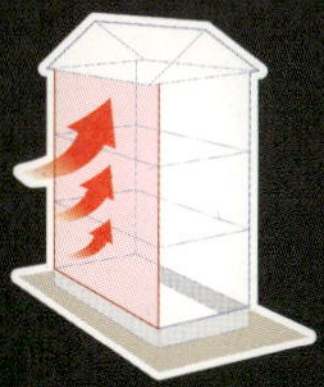

3 地震に耐えうる？
（地震荷重）

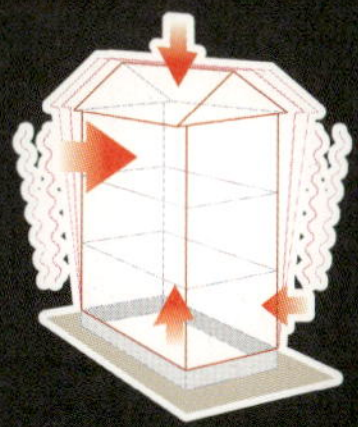

4 変形にどこまで耐えうる？
（層間変形）

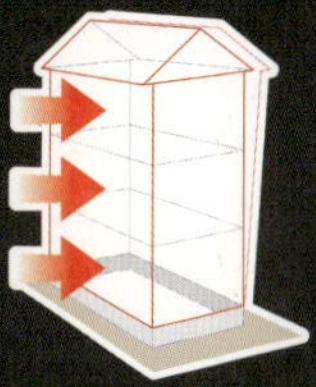

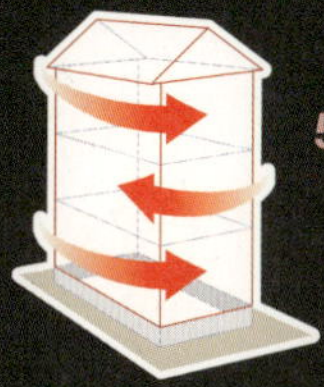

5 建物がねじれやすくない？
（偏心率）

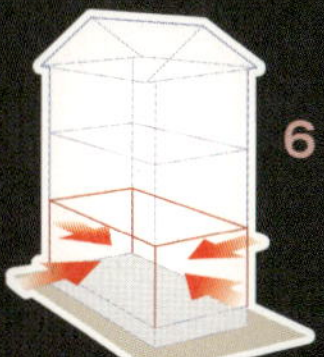

6 上下階のバランスはよい？
（剛性率）

＊大規模建築においてのみのチェック項目

7 部材、接合部に加わる力はよい？

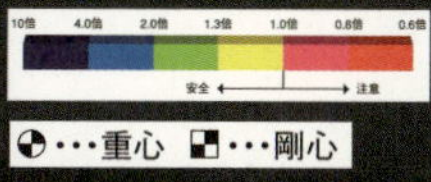

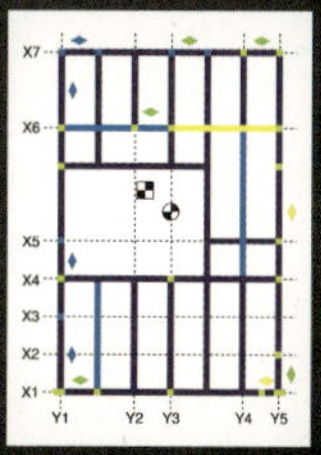

材木一本でも、おろそかにはしない

「トレサビリティ」という言葉があります。

「trace」（追跡）＋「ability」（可能な）という意味で、これまでお話しした強度性能も「トレサビリティ」なくして実現は不可能です。

「casa sole」では、一つひとつの部材の安全性、耐久性を把握し、あらゆる部材の製造工程をチェックしています。

「安心」を〝いつでも見られるカタチ〟にしているのです。

たとえば、材木です。建築現場に運び込まれる材木は、きれいに製材加工されています。

この材木の産地、伐採時期、経由市場、加工工場、運送業者など、住宅に使われる材木一本が現場に届けられるまでの過程を、すべて追跡できるような仕組みが確立されています。

こうした「生産履歴」をきちんと管理することで、はじめて構造計算の中の基本となる数値が確立されます。

{見える安心→トレサビリティ}

traceability
=
trace + ability
（追跡）　（可能）

例1　受け入れ検査

指定集成材工場、金物工場から搬入された集成材やSE金物の品質のチェックを行います。集成材は先端の5ミリをカットするなどして、厳密に品質の検査がなされています。

例2　プレカット検査

設計図通りに構造用集成材がプレカットされているか、サイズはもちろん、穴の位置やスリットの位置などすべてを出荷前に調べています。

例3　出荷検査

構造用集成材とSE接合金物が上棟日に指定工場から出荷されます。施工現場での組み上げ作業がスムーズに運ぶように、設計図にない余分なものなどは、いっさい出荷しない厳密なルールがあります。

5章

何度でも生まれ変わる家

家族や暮らしの変化に合わせて、変わることのできる家

家を建てる際、多くの方々が「間取り」で悩まれるようです。近い将来のことを想定して、「子ども部屋はいくつ必要」とか、遙か先の生活を思い描いて「子どもが大きくなったら……」とか、考えはじめたらきりがないようです。

来年のことをいうと「鬼が笑う」などといいますが、10年先、20年先のことなんて、誰にもわかりません。でももし、これから建てる家の間取りが、あとからでも自由に、簡単に変えられるとしたら、間取りの悩みはいともたやすく解決するのではないでしょうか。

そして、住まい手の暮らしに合わせて、いかようにでも変化することができれば、その家に長く住むこともできるはずです。

暮らしが変われば、住まいも変わる。間取りの自由度が、おのずと家を持続させます。

この章では「casa sole」をケーススタディとして、住み手のライフスタイルに応じて、どれだけ家の間取りが変化するのかを見ていきましょう。

まずは、基本となる家の形を決めましょう

――「casa sole」が提案する5つのプラン――

「casa sole」では、基本となる家の形を5つ用意してあります。

簡単に説明していきましょう。

まず、「東西南北にオールマイティに対応」というタイプは、4×4間（1間＝1820ミリ）の真四角の家。家の形が真四角ですから、日照などの土地の条件に合わせて、自由に建物の向きを決められます。

二つ目が、「狭小地に最適」というタイプです。コンセプトが示すように、2・5×5間というとてもコンパクトな家です。土地の狭い首都圏などに適しています。

三つ目は、「住宅地でも市街地でも対応」タイプ。3×5間の家で、ひとつ目の真四角の家と二番目のコンパクトタイプの家との、中間といったところでしょうか。

四つ目が、「あらゆる家族構成にも対応」の家で、4×5間という広さを持つ家です。

PLAN 1
(BASIC STYLE)

自由な間取りづくりを楽しみたいですか？

最後の五つ目は、「ビルトインガレージも可」というタイプで、同シリーズの中では一番広い、4×6間の家です。

ざっと駆け足で紹介してきましたが、家族構成、土地の広さなど、さまざまな条件があると思います。

いずれのタイプの家も、シンプルな設計思想のもと、住みやすく、快適で、あらゆるニーズに応えられるだけのポテンシャルを持っています。

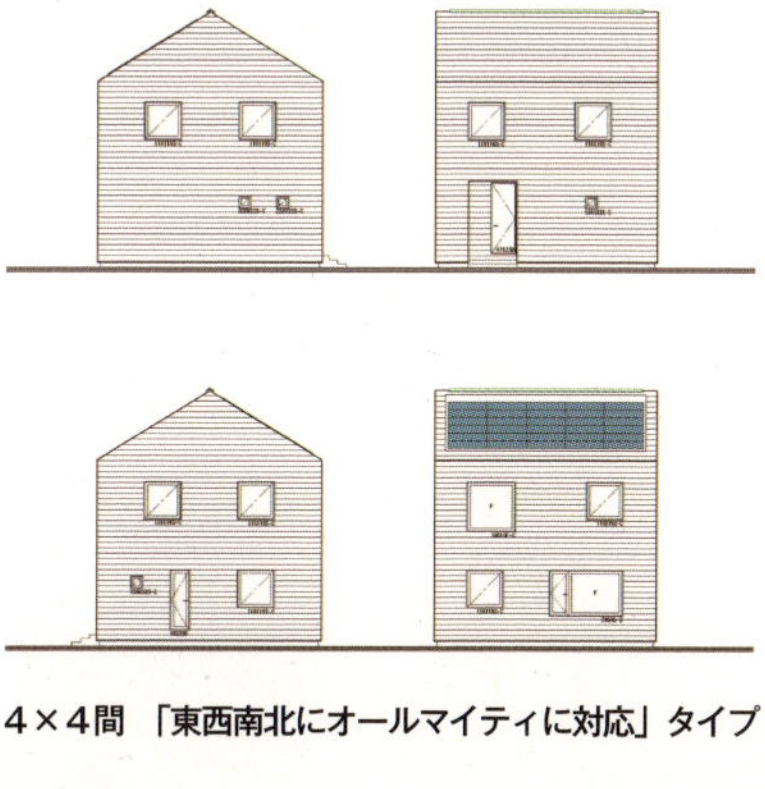

4×4間　「東西南北にオールマイティに対応」タイプ

PLAN 2

敷地をめいっぱい活用したいですか？

2・5×5間　「狭小地に最適」タイプ

PLAN 3

どんな環境にも適応できる家を求めていますか？

3×5間　「住宅地でも市街地でも対応」タイプ

PLAN 4

将来、二世帯住宅を考えていますか？

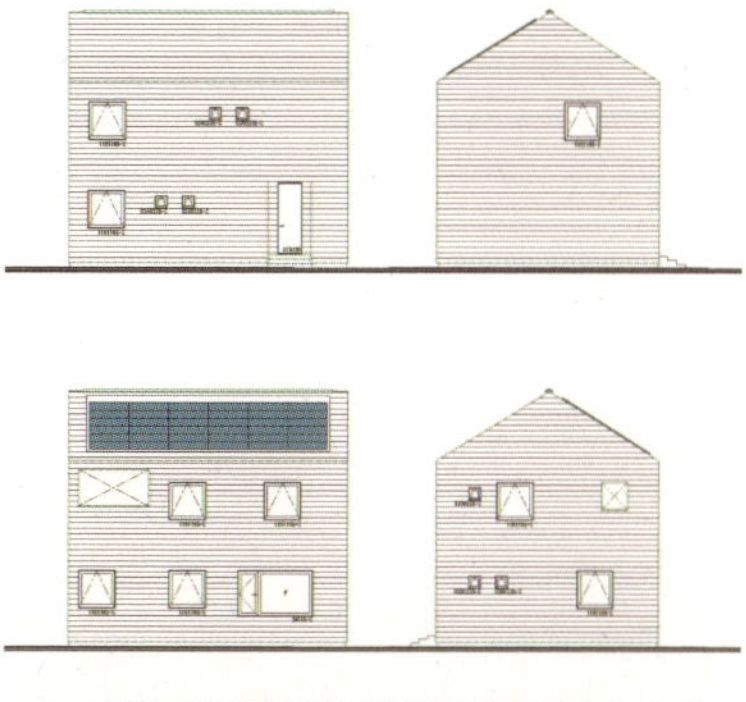

4×5間 「あらゆる家族構成にも対応」タイプ

PLAN 5

大好きな車と一緒に生活したいですか？

4×6間 「ビルトインガレージも可」タイプ

次に、「真四角」で間取りを考えてみましょう

1F

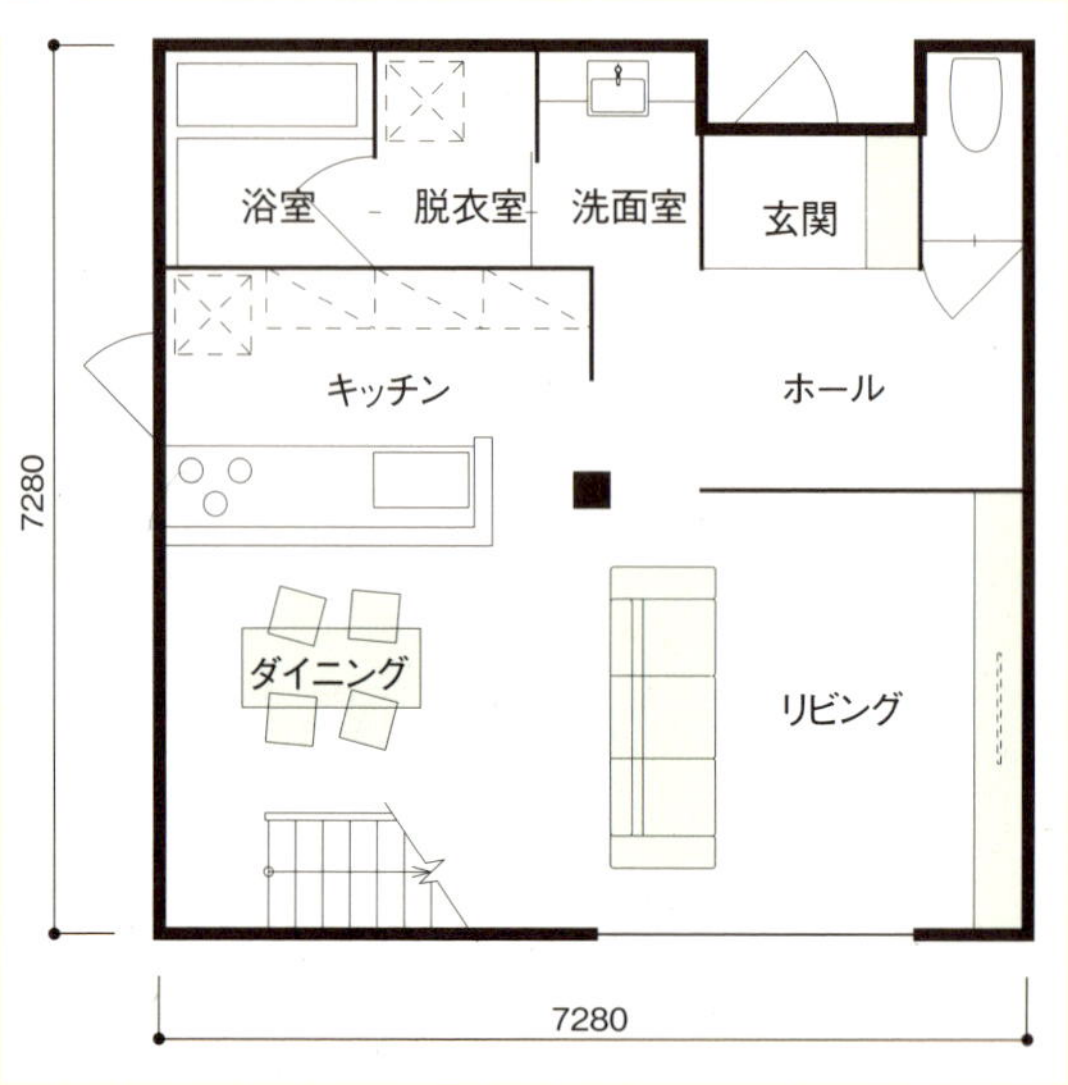

「casa sole」では、先に紹介した、「東西南北にオールマイティに対応」と謳った、真四角の形（4×4間）の家を基本の形としています。

なぜ、真四角なのかというと、まずは「地震に強い」からです。

真四角という形状は、木材の多くを垂直につなぐことができ、大きな揺れに耐えうる構造をつくりやすいのです。

また、インテリアの面でも大きな利点があります。

真四角であるということは、家の中の空間

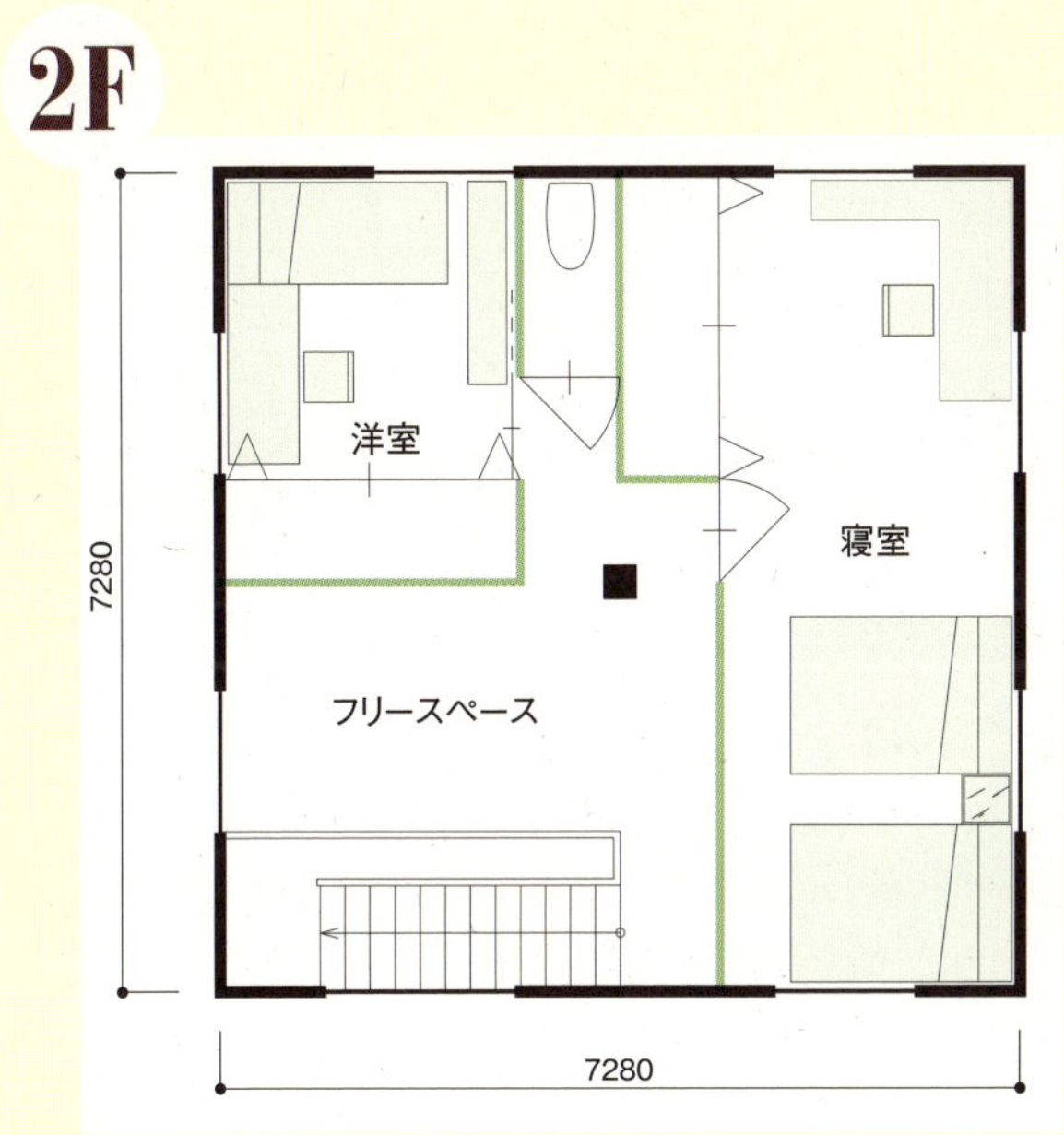

に凹凸が存在しません。そのため、家具のレイアウトがしやすく、デッドスペースが生まれにくいため、無駄なく空間を使うことができます。

こうした理由から、「casa sole」でも真四角のスタイルを、まずは基本としています。

もちろん、先に記したように、真四角以外の形でも、地震対策、インテリアを考慮したプランが用意されていますので、真四角でなければならないということでは、決してありません。

さて、次のページからは、この真四角のプランをモデルとして、自由に間取りを変更できる2階部分の、さまざまなバリエーションを見ていきましょう。

Case 1 家族が川の字になって寝られる家

子どもが小さい時分は、親子が一緒になって寝るケースが多いようです。

家族全員が〝川の字になって寝る〟などと昔から言いますが、おそらく畳に布団を敷いて寝ていた日本らしい睡眠のスタイルのひとつだと思われます。

このケースでは、家族が快適に寝られるように寝室をゆったりと設けました。ポイントは、子どもを寝かしつけたあと、そばで家事などができるよう、間仕切りなしのフリールームをつくったところ。小さなお子さんがいる家族には、とても使い勝手のよい設計です。

家族全員で寝られるサイズの大きなベッド。

2F

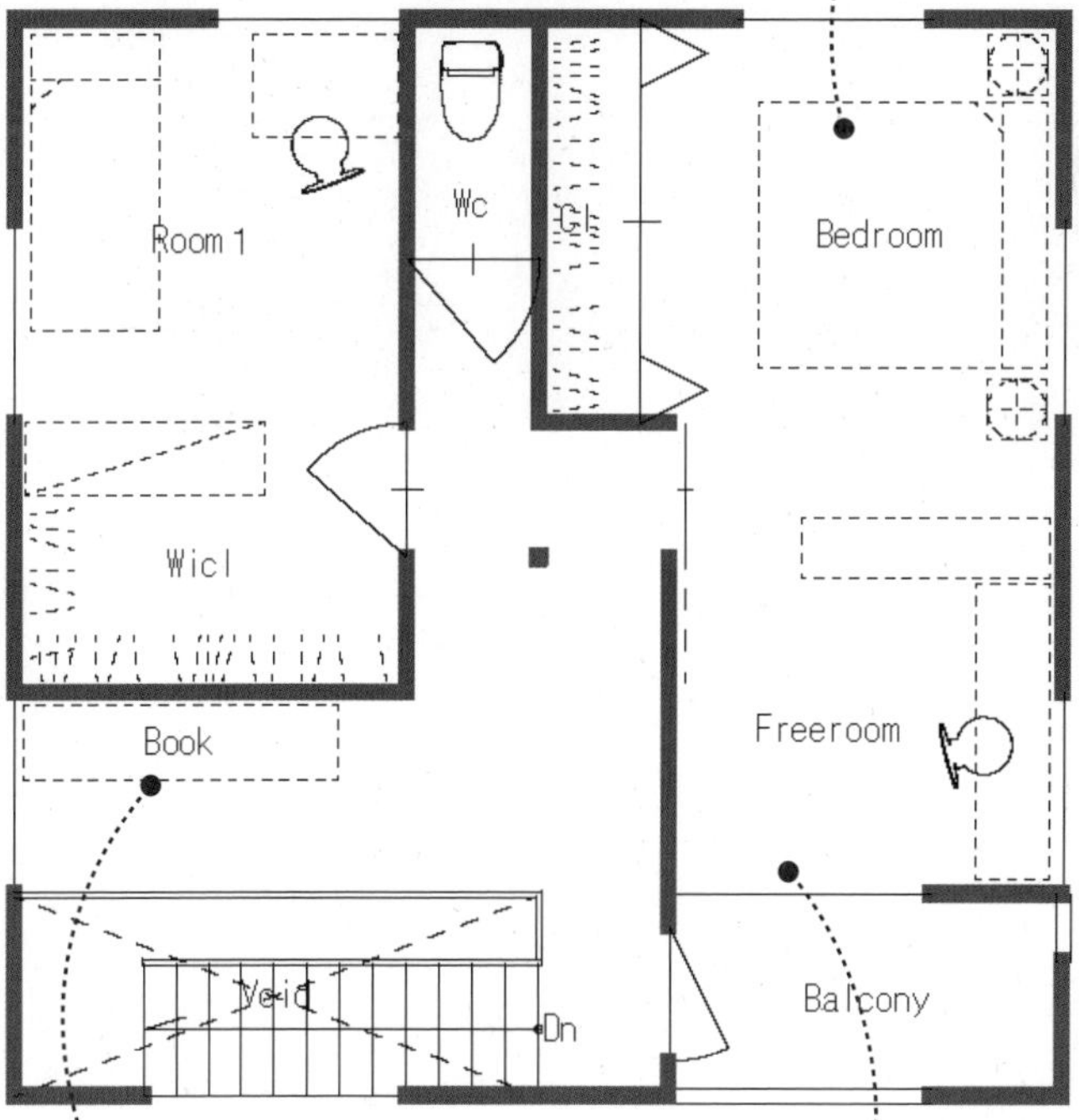

本棚などの収納スペース。

アイロンがけや洗濯物をたたむといった家事をするスペースとして、また書斎としての活用も可。

Case 2 収納上手になれる家

気がつくと、家の中は物で溢れています。洋服、おもちゃなど、長く過ごせば過ごすほど、物は増えていく一方です。そして、片づけても、片づけても、家の中はすぐに散らかってしまいます。そんな悩みを解決するための、ひとつの答えが「収納力の高い家」です。

このケースでは、まずウォーキングクローゼットを二つのエリアに区分けしています。ひとつは洋服用に、もうひとつはそれ以外の物の収納用にすることで、整理がしやすくなっています。また、二つある子ども部屋の収納スペースもたっぷりとってあります。

2F

子ども部屋のクローゼット
も大容量に。

洋服用のブース。

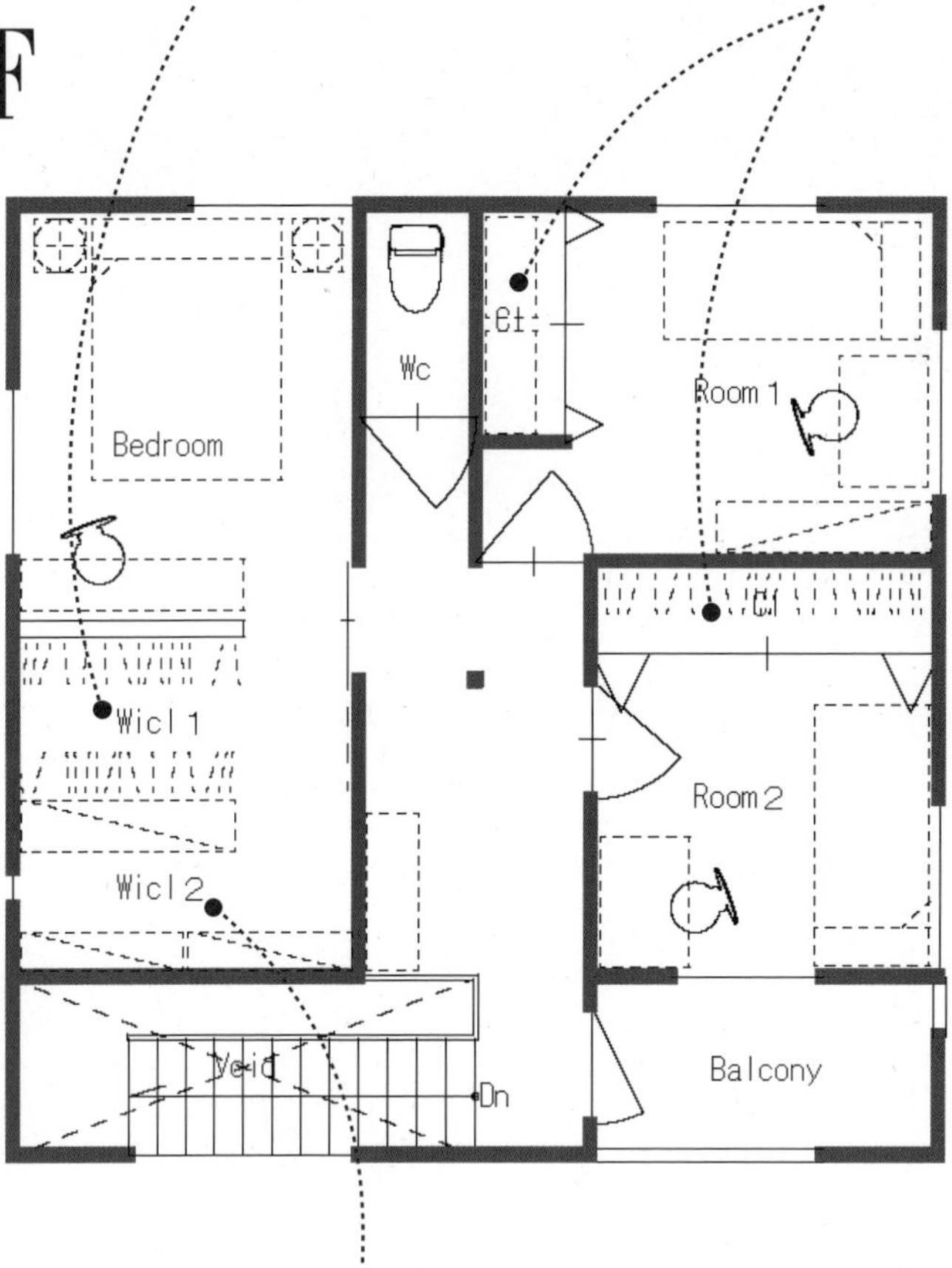

洋服以外のブース。

Case 3 和室でごろっとできる家

日本の住みかの伝統ともいうべき畳。引き戸（ふすま、障子）を閉めれば、プライベートな空間ができ、開ければあっというまに大広間が出現。

家族の憩いの場にもなれば、来客時の寝室にもなる。畳敷きの和室はたいへん用途の多い空間です。

こうした理由もあってか、新築時に和室を希望される建て主もたくさんいらっしゃるようです。このケースでは、夫婦の寝室を和室にしました。引き戸を開ければ、ホールと一体の広い空間が生まれます。

建具が３枚引き込める。

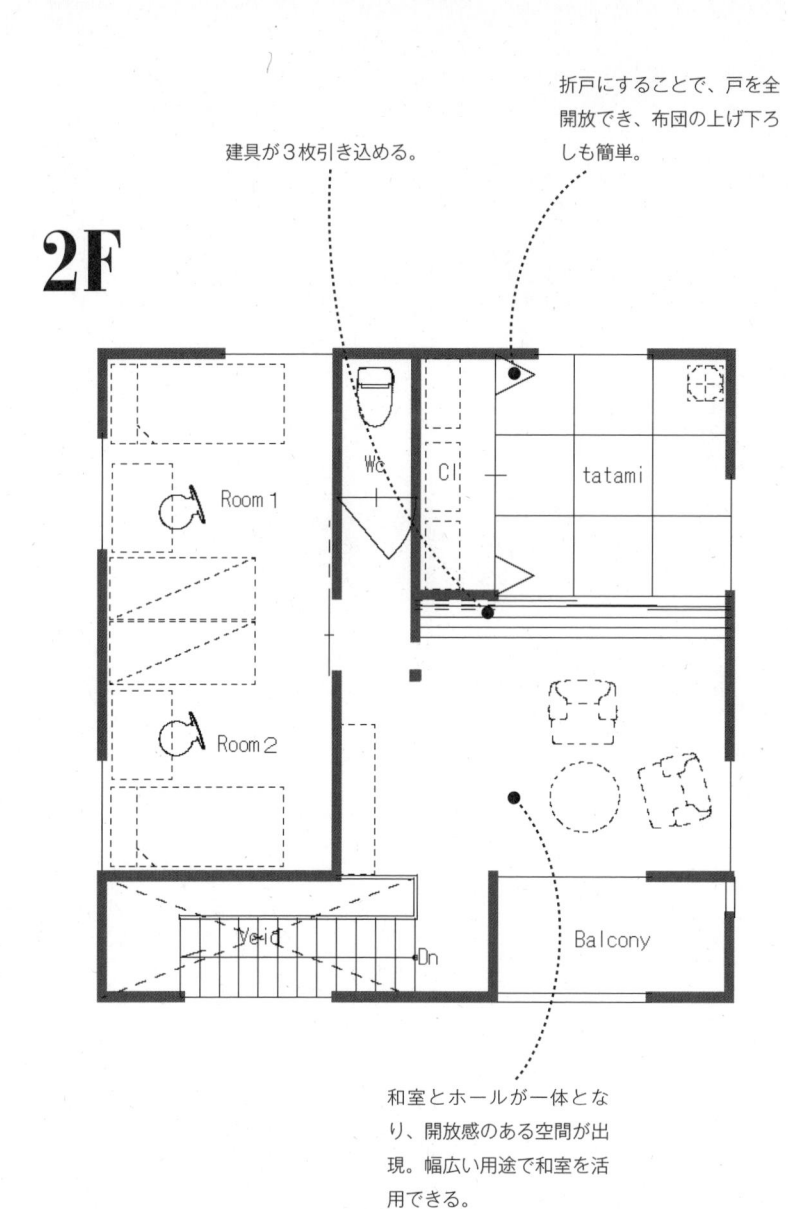

折戸にすることで、戸を全開放でき、布団の上げ下ろしも簡単。

2F

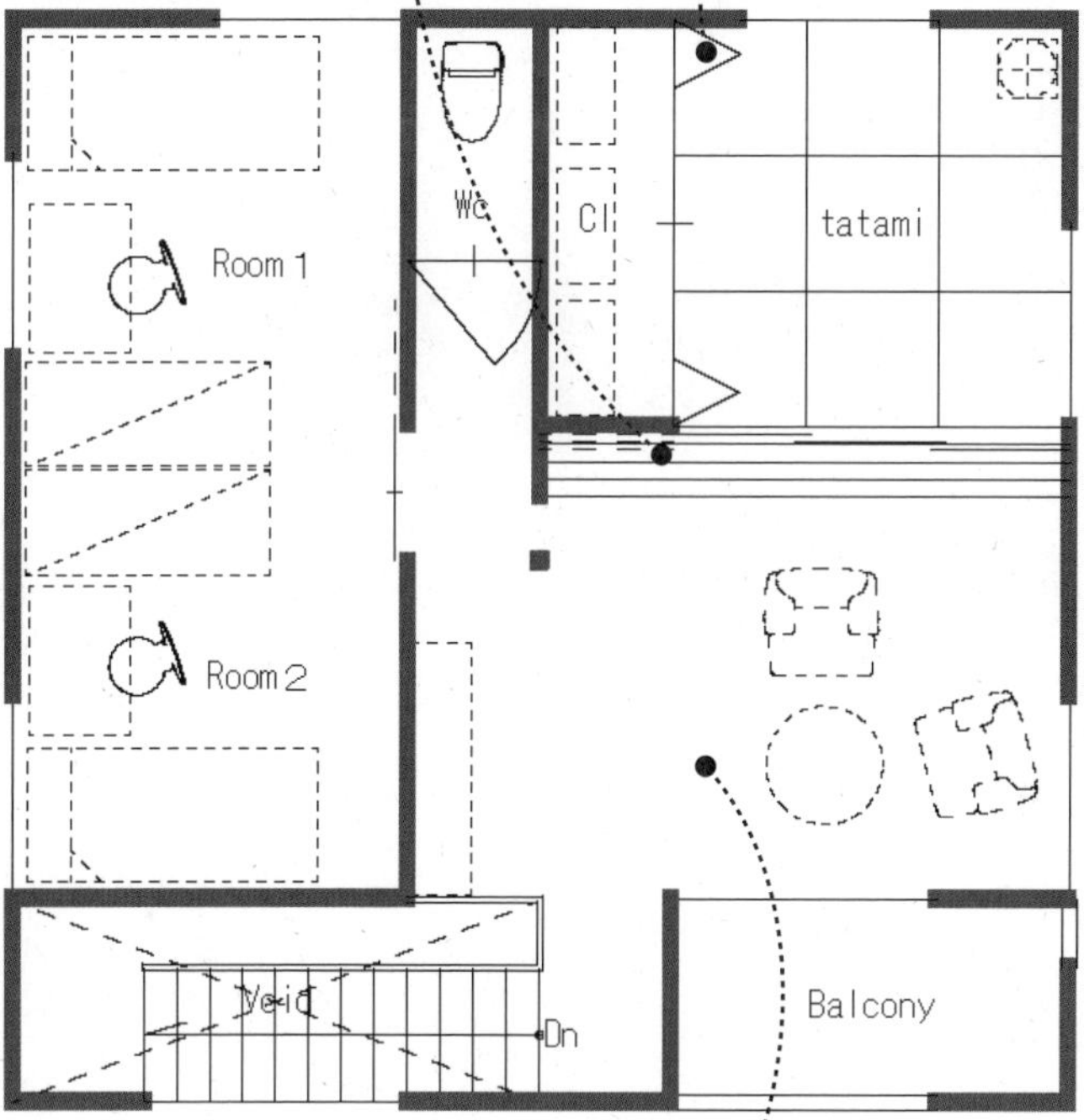

和室とホールが一体となり、開放感のある空間が出現。幅広い用途で和室を活用できる。

Case 4 子どもが勉強を好きになる家

「東大生はリビングで勉強をする」というのが、以前マスコミでも話題になっていました。

子どもや大人のワークスペースを閉じられた小部屋にするのではなく、オープンな空間にすることが、ここ最近、人気のスタイルのひとつです。

このケースでは、宿題をする子ども、仕事をする親が一緒の空間で過ごします。もちろん読書をはじめ、趣味の場所として活用することもできる空間です。

最大4人まで机につくことができ、本棚などの設置も可能です。

2F

４人まで使えるスペースを
確保。本棚も隣接。

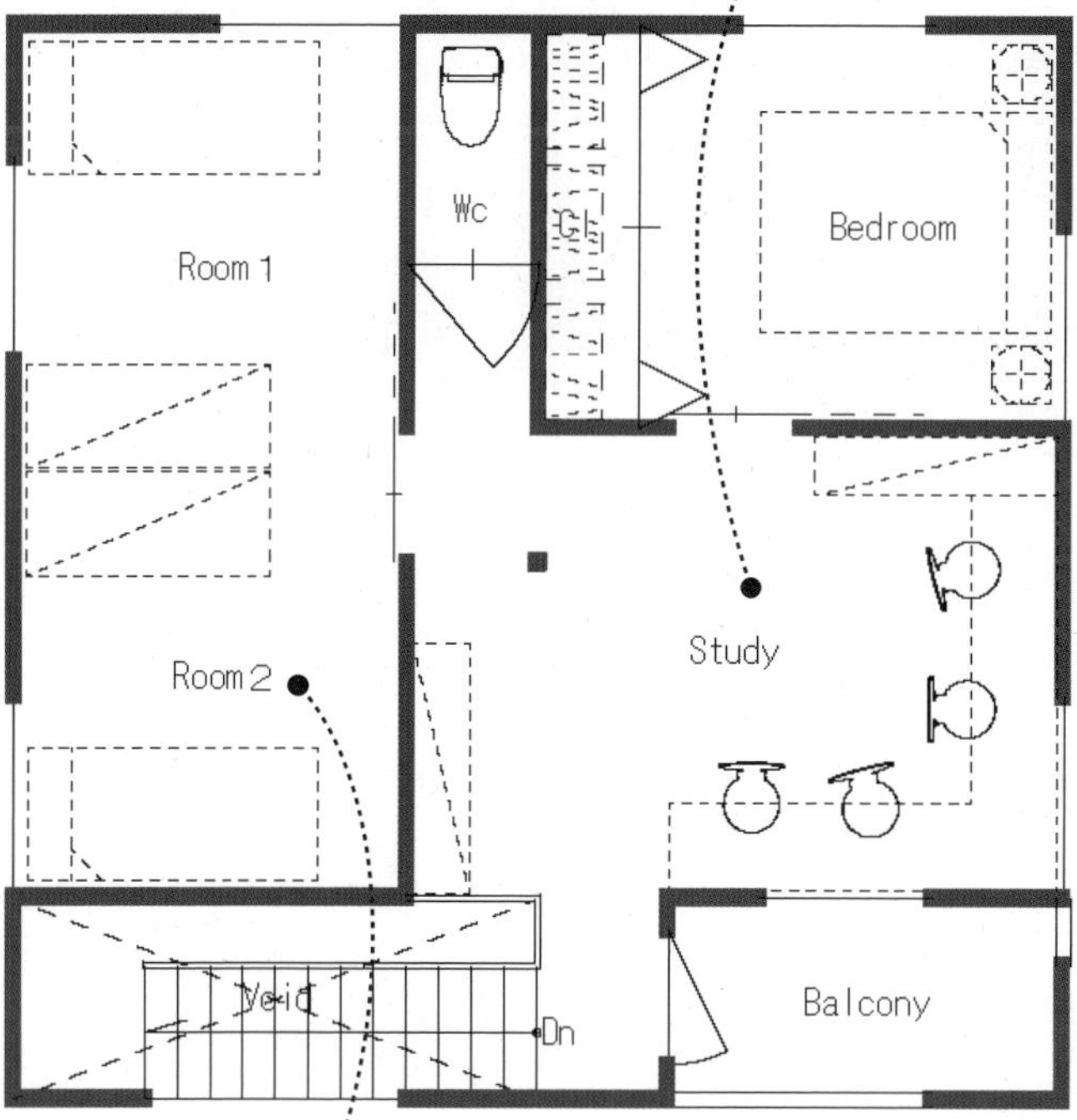

子ども部屋は、将来必要が
あれば、壁で仕切ることも
できる。

Case 5
シアタールームのある家

映画館やスタジオのような完璧な防音や音響とまではいきませんが、他の空間を干渉しない独立した部屋をつくれば、手軽にシアタールームとして活用できます。

このケースでは、シアタールームに窓がありませんが、これも防音対策のひとつです。

趣味専用の部屋というと、ちょっと贅沢なように感じますが、夫婦の寝室や子ども部屋をご覧になってください。それぞれ収納スペースもちゃんと確保してあり、シアタールームのせいで、別の部屋のどこかが犠牲になるということもありません。

すべての部屋が間仕切りによって独立。各部屋にはクローゼットがしっかりと確保されている。

2F

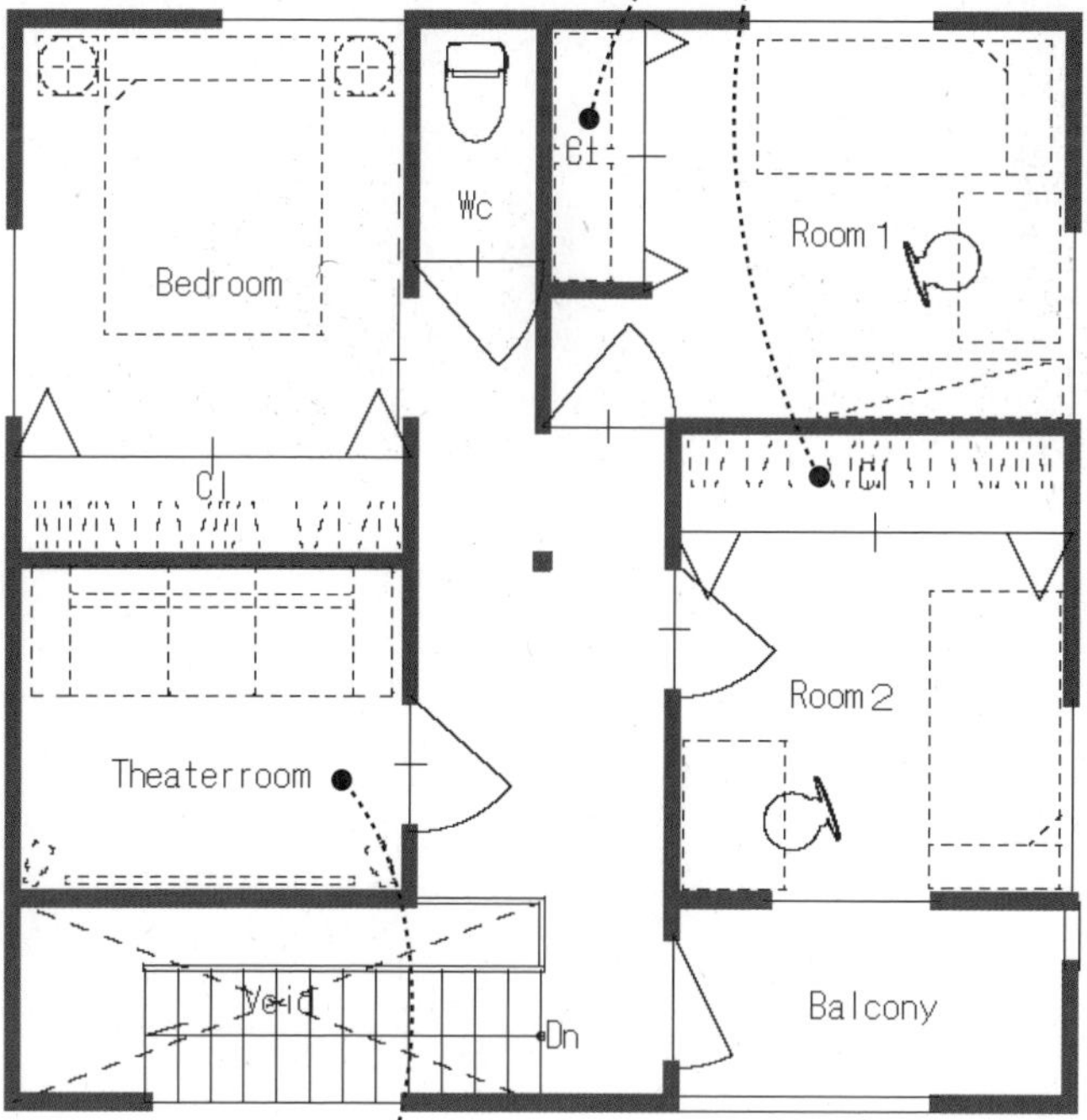

完全に独立した空間になっているからこそ、思う存分、映画や音楽を楽しむことができる。

Case 6

オフィスにいるように仕事ができる家

最近は、自宅に仕事を持ち帰る人、自宅がオフィスを兼ねる人（ソーホー）が増えているようです。

こうした需要に合わせてつくられたプランが、ワークスペースを設けたこのケースです。

このワークルームには、横幅2・5メートルの備え付けのカウンターがあり、2人まで使用可能です。

また、背面には壁一面に大きな収納スペースを設けました。煩雑になりがちな資料や大切な書類なども、きちんと整理して、保管しておくことができます。

振り返ると壁一面が収納スペースになっている。

2F

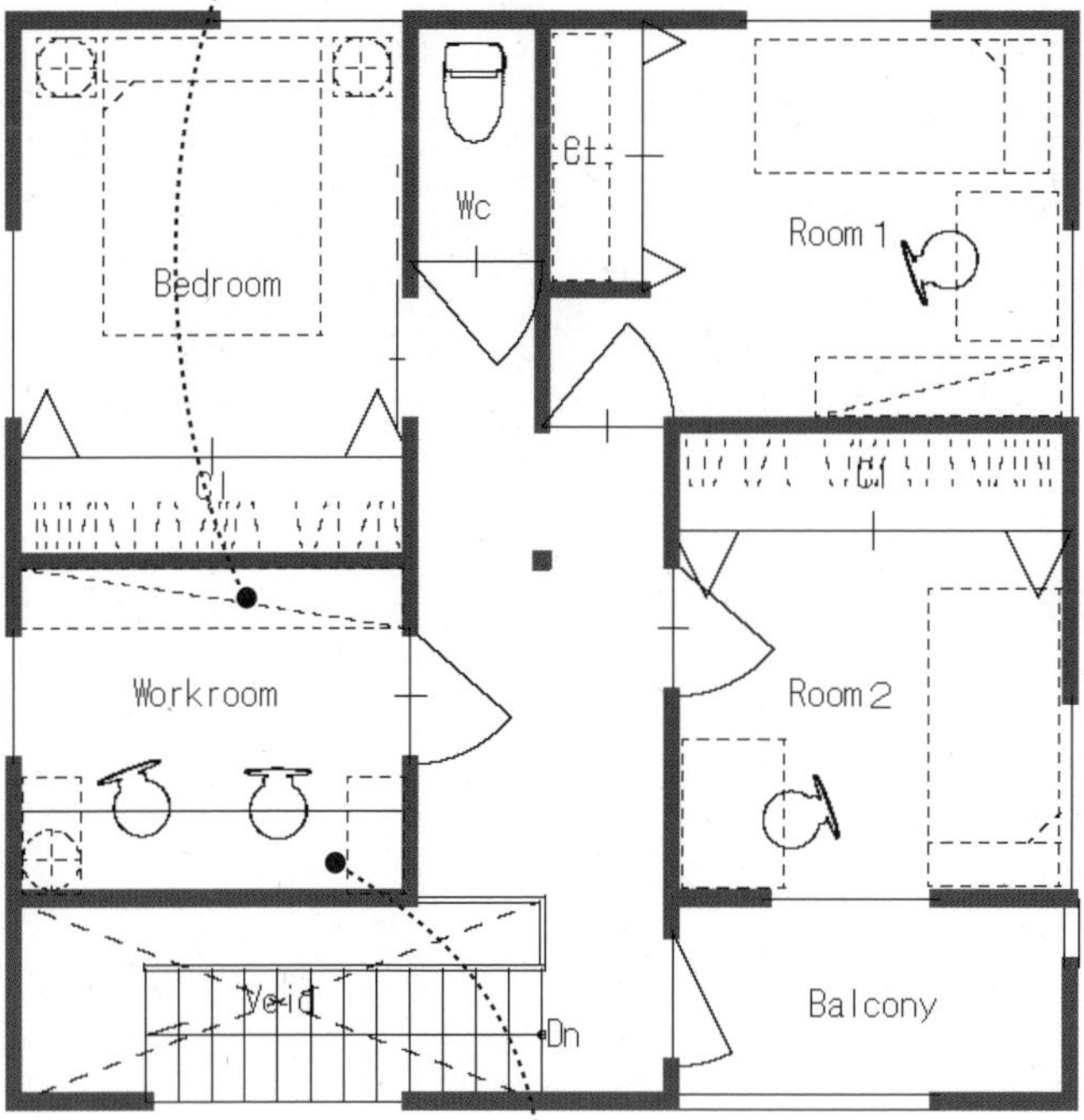

大人２人がゆったりと使える2.5メートルのカウンター。

Case 7 ママ友たちが集う家

小さいお子さんがいる家庭では、母親同士の交流はもちろん子ども連れ。

子どもは子ども同士、ママはママ同士で楽しみたいものですが、小さい子どもたちだけで遊ばせるのはちょっと不安ですね。

このケースは、子どもたちが遊んでいる子ども部屋の気配を感じることができるプランです。フリースペースにいるママたちも、安心して、おしゃべりに夢中になることができます。子どもたちにも、ママたちにも、安全で快適な空間は、きっとママ友たちの憩いの場になることでしょう。

2F

子ども部屋の様子がすぐに
わかるフリースペースで、
ママ友と談笑。

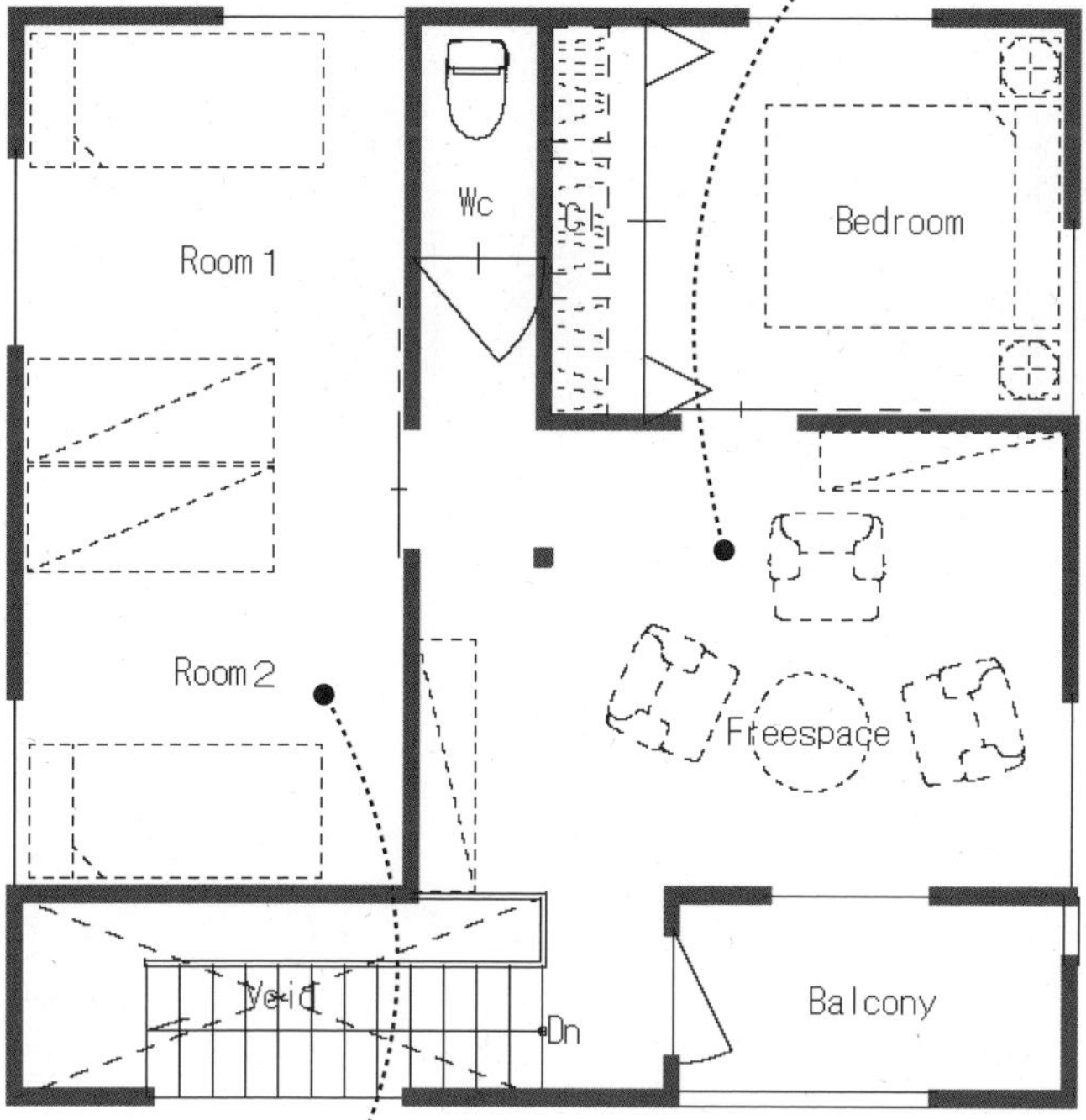

子どもたちが思いっきり遊べ
る、広々とした子ども部屋。

Case 8 最高の寝心地を実現する家

快適な睡眠は、健康的な生活を営む上で欠かせない要素です。

このケースでは「快眠」をもっとも重要視した部屋づくりを考えてみました。

採光、通風などを考慮した寝室。広々としたスペースは、大きなベッドも楽にレイアウトすることができます。

そして、共有スペースと寝室の間にあえて収納スペースを設けることで、プライバシー性を高めています。外部とのつながりをシャットアウトすることで、深い眠りをサポートします。

大きいサイズのベッドもレイアウト可能な、ゆったりとした寝室。

2F

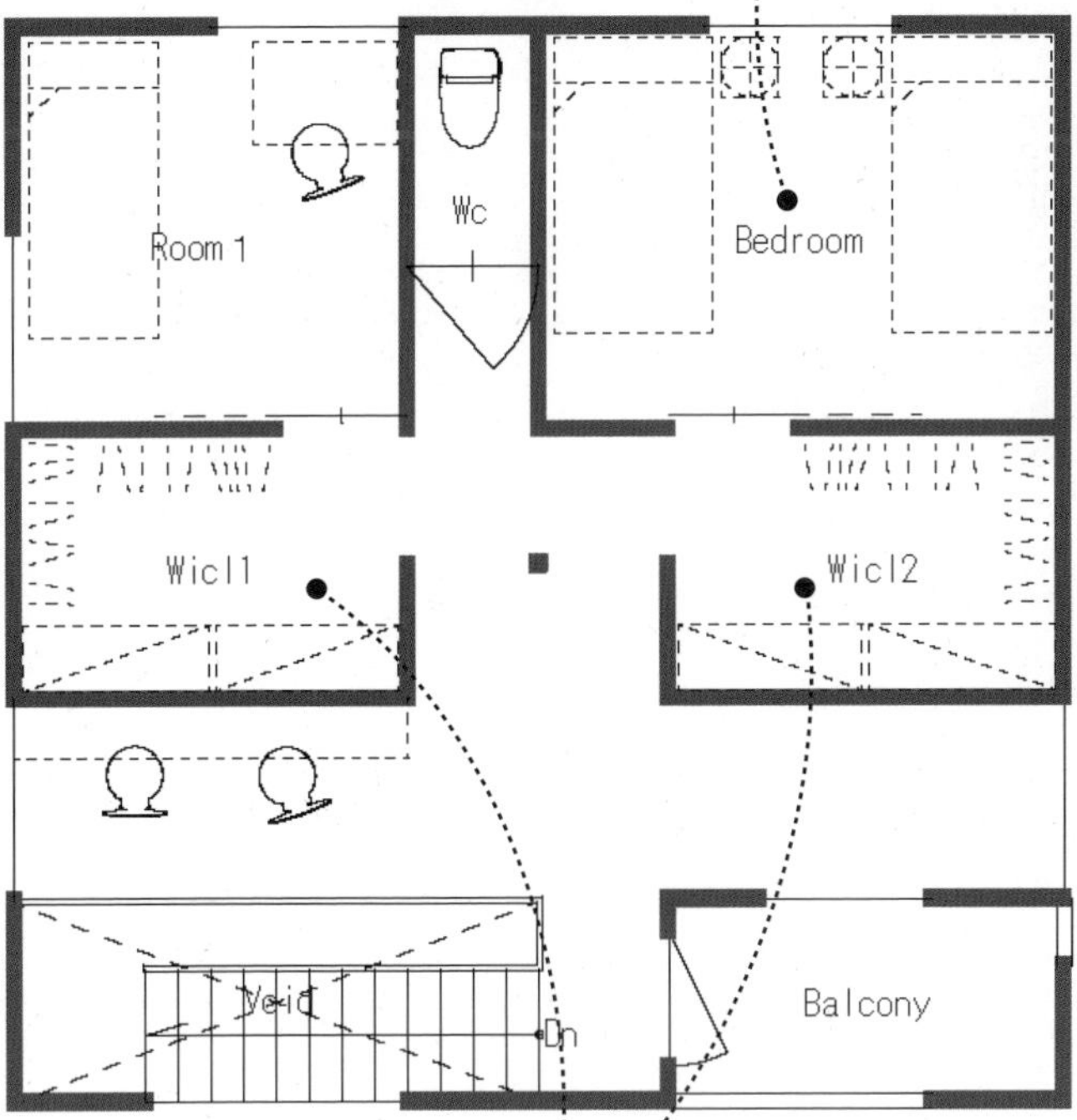

収納スペースを空間と空間の間に配置して、プライバシーを確保。

Case 9 パーティーが楽しめる家

最近は、自宅で気軽にパーティーを楽しむファミリーが多いようです。また、パーティーとまではいかなくても、もともと来客の多い家であれば、それなりのスペースを確保しておかなければ、せっかくのお客さまをもてなすことができません。

このケースでは、約12畳もの大空間をレイアウトしました。

階段を上ってすぐが、この空間となるので、お客さんの人数が多いときには、１Ｆのリビングと合わせて、吹き抜けごしに二つの空間を贅沢に使うことができます。

約12畳ほどの大空間だから、パーティー以外での使い方も自由度が高い。

2F

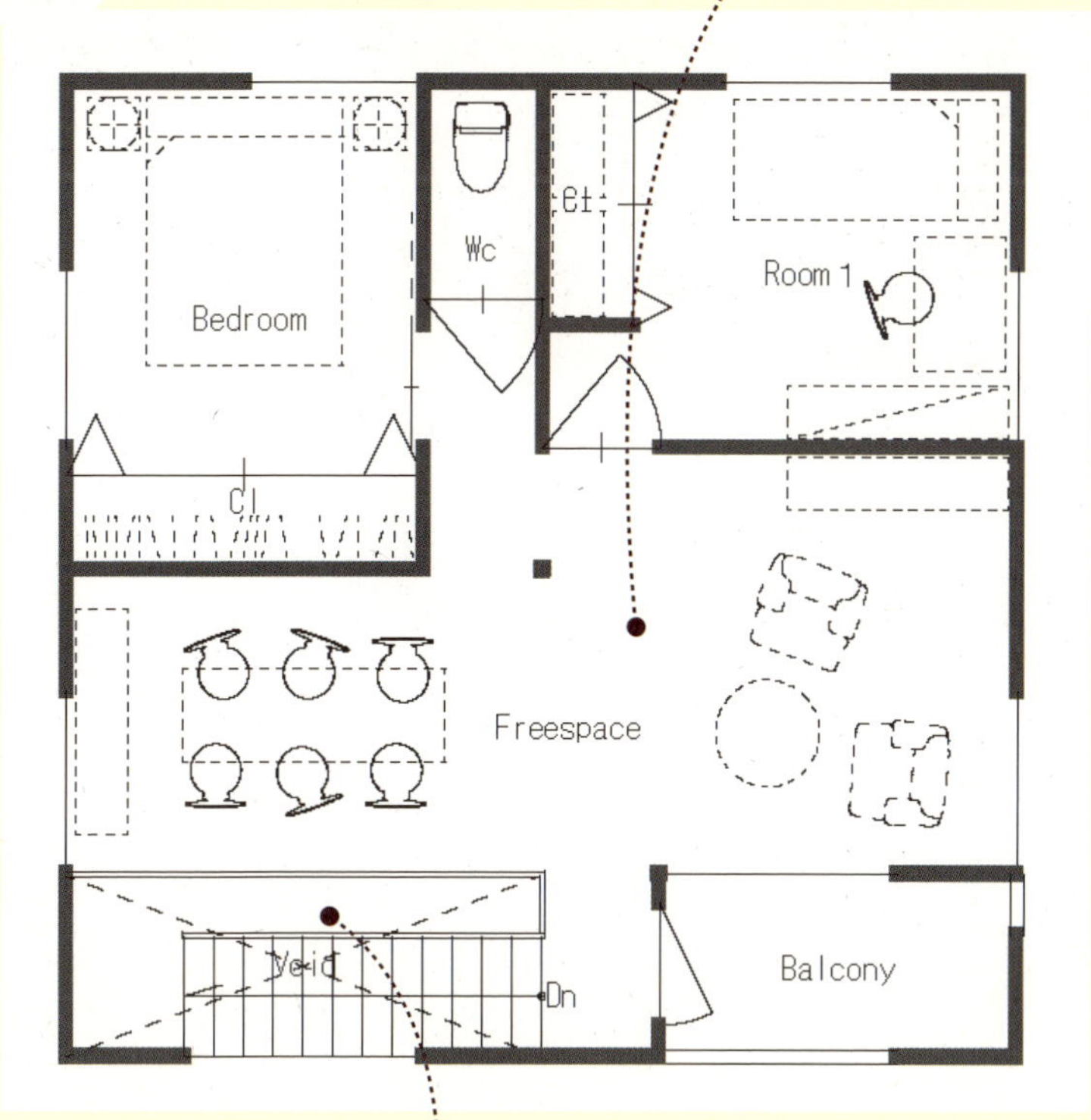

1階のリビング＆ダイニングと吹き抜けごしにつながっているので、二つのスペースを使って大人数のパーティーにも対応が可能。

Case 10

ヨガだって自宅で楽しめる家

「健康」や「美容」は、女性にとって大切な要素。たとえば、ヨガやピラティスといったエクササイズは、今でもたいへんな人気があるようです。

そんなエクササイズが、自宅でできるようになったら、わざわざジムやスクールに通う必要はなくなるかもしれません。

とはいえ、狭い空間でエクササイズを行うのもいかがなものですね。

このプランでは、快適に、気持ちよく運動できるよう、十分なエクササイズスペースを確保しています。

子ども部屋も、デスク、ベッド、本棚などをゆとりをもって配置できる広さがある。

夫婦用の寝室。エクササイズスペースを設けても、十分な広さがあり、クローゼットも大容量を確保。

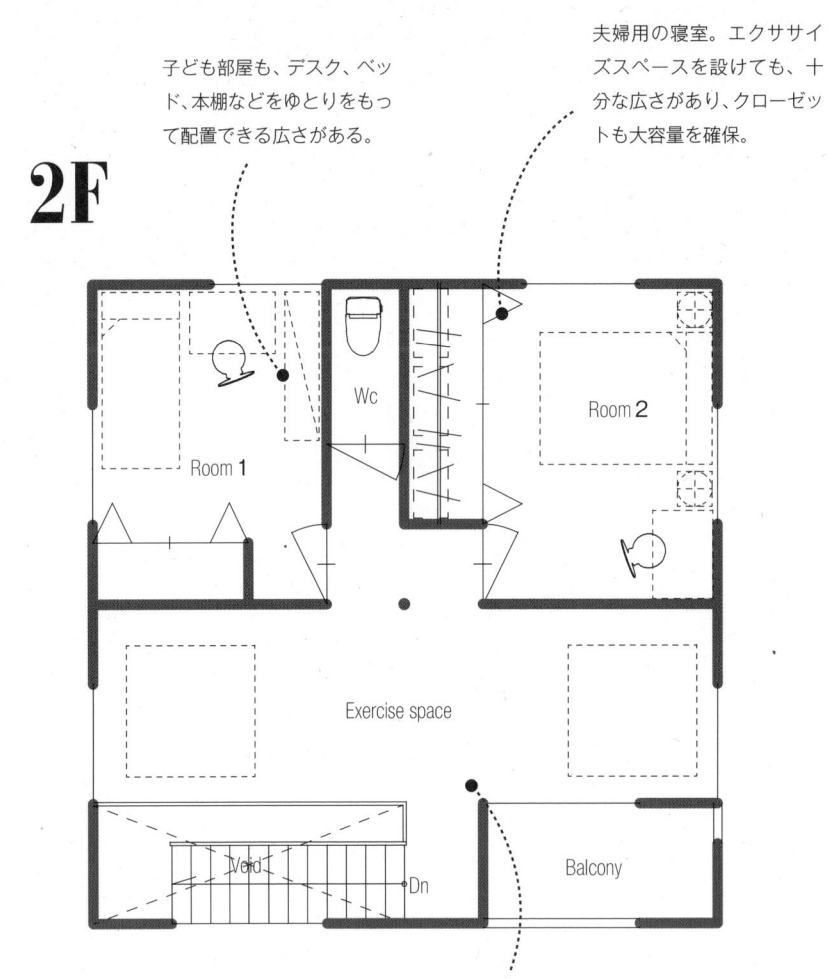

2F

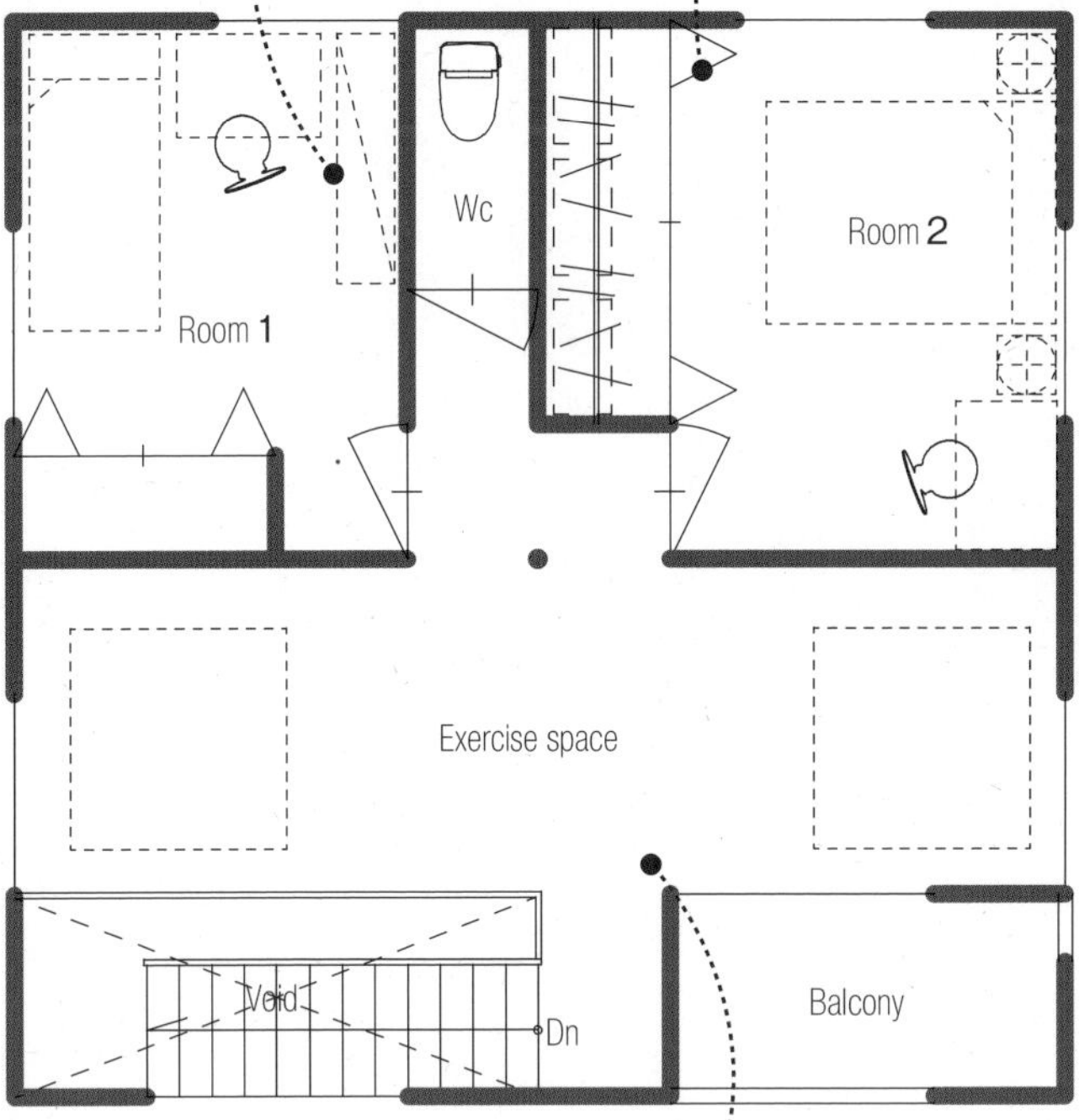

エクササイズスペースは、吹き抜けと窓に面しているので、開放感があり、気持ちよく運動ができる。

{間取り実践編} Practice

これまで紹介した間取りは、あくまでもこちらの提案です。住まわれるみなさんで自由に設計することも可能です。白紙の間取り図を用意しましたので、実際に書き込んで、理想のプランを練ってみてください。

1F

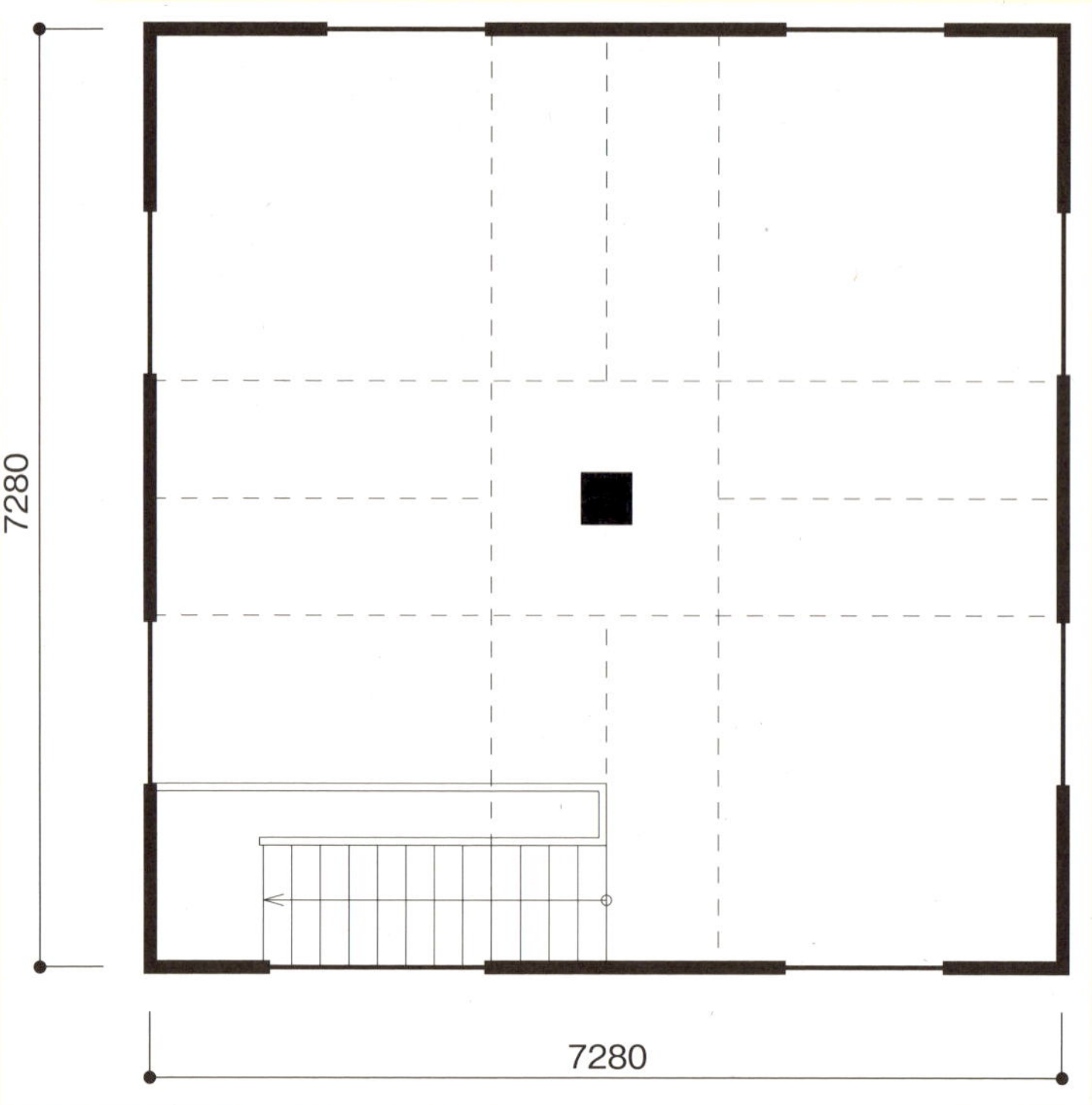

⌘間取りを考えるときの注意点⌘

1 まず、窓の位置など、家の構造に関わる部分などは変更できません。窓や階段、図面のまん中にある大黒柱（■の絵）を避けて、線を引くようにしてください。（土地に合わせて、左右を反転させることも可能）

2 壁に対して斜めに線を入れたり、曲線の壁を配置したりというのは、できなくはありませんが、コストが高くつくものなので、あまりおすすめはしません。

3 最後に、これがとても重要なことなのですが、次のページに２階の図面をもう一枚、用意してあります。前述したように、家族構成やライフスタイルは時とともに変化します。将来はこうなるかも、ということを想定した上で、間取り図をつくってみることが大切です。

2F

2F

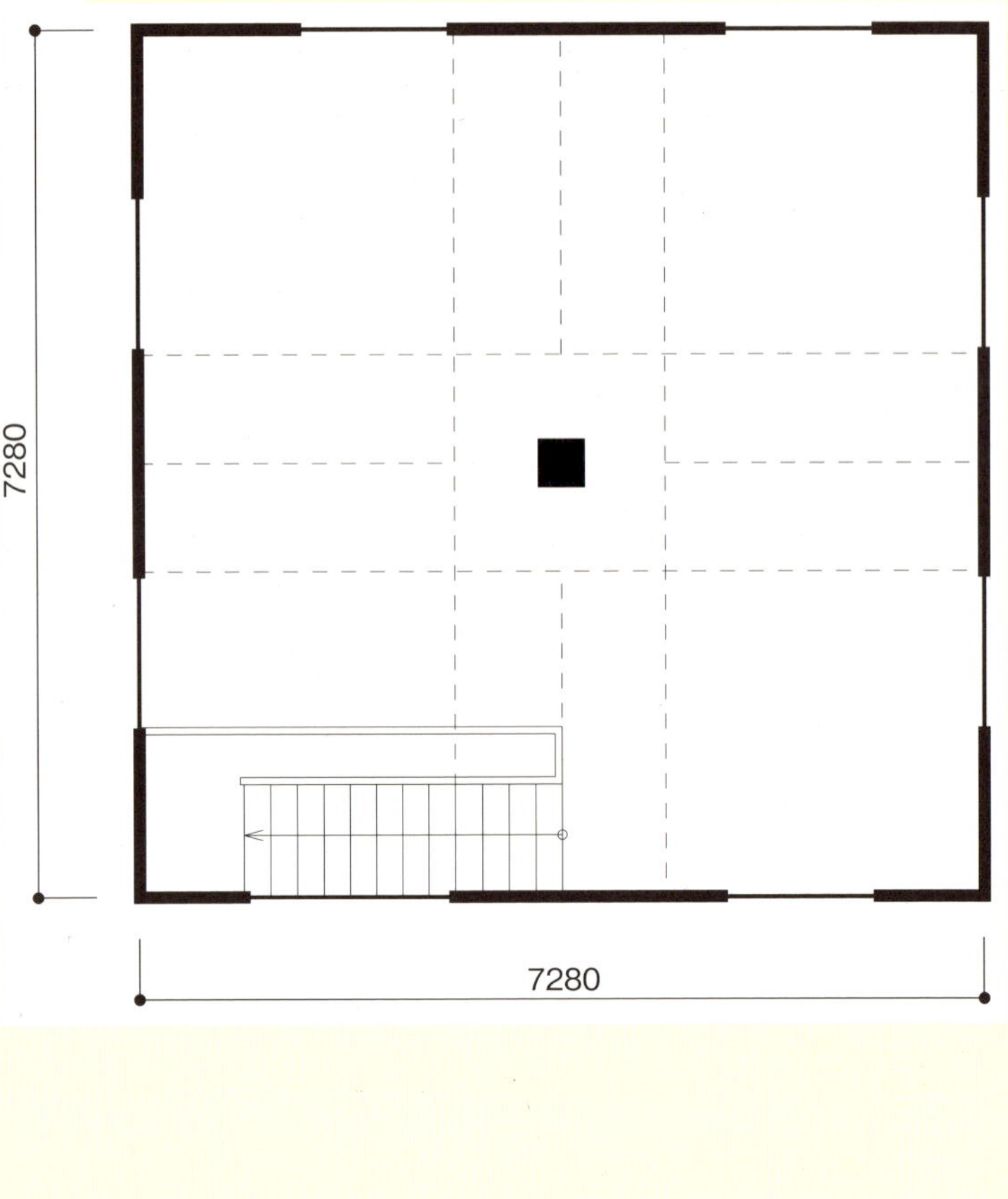

20
年後

6章

孫に贈ることのできる家

人生は80年、人生を過ごす家は30年!?

日本人の平均寿命は、男性が約79歳、女性が約86歳（平成21年厚生労働省調べ）。日本の住宅の寿命は、約30年といわれてきました。国土交通省が発表したところによれば、木造住宅で26年という数字も出ています。

人生は80年以上も続くのに、人生を過ごす家は、その半分以下しかもたないという日本人の暮らしぶり。笑ってやり過ごせない状況ですね。

しかしこれが、日本人の〝住まい〟の厳然たる事実。

日本建築学会によれば、イギリスの住宅寿命は141年だそうです。もちろん、イギリス人の平均寿命は、日本のそれと大差はないのに、イギリスでは一般的に一軒の家を3世代にわたって使い続けるとも聞きます。

100年以上も家をもたせるとなれば、それなりに改築や補修をしていかなければならないでしょう。それにしても……。

日本の住宅事情と比較すると、ため息が出てきそうです。

一念発起、がんばって家を建てたら、孫の代まで受け継ぐことができるサスティナブルな暮らしを営む国がある一方で、自分の人生をその家でまっとうすることすら、ままならない国がある。

それが日本です。

孫の代まで使い続けられる、それがこれからの住宅に求められる性能

「いい家」の基準とはなんでしょうか？　建て主の方によってその考え方はまちまちだと思われますが、「長く使える」というのは、必要不可欠な要素ではないでしょうか。

その〝長い〟の一つの指標が、「孫の代まで使える家」だと考えます。

「太陽光発電」「パッシブハウス」「地球と人にやさしい」「地震にびくともしない」「何度でも生まれ変わる」、これらすべてが連鎖し、「長く使える家」へ、そしてサスティナブルな暮らしへと結びつきます。

これまで5章にわたって、これからの家づくりを考察してきましたが、ここでは「長く使える家」が立つ「土地」について、そして、現実的に「いい家」を建てるにはどうしたらいいかについて、一考してみたいと思います。

土地の選び方ひとつで、家づくりのお金、建てた後の維持費が変わる

まず、いい家づくりは、「いい土地」選びから。

どのような土地を選ぶかによって、家づくりにかかるお金、家を建てたあとの維持費が大きく変わってきます。

では、「いい土地」とは何か。

これはひとつの提案ですが、土地を「エコ」という観点から選んでみてはどうでしょう。そう、「エコ土地」です。

「エコ土地」の条件は、環境性と経済性の両立です。

「エコ土地」の基準なるものをいくつかご紹介しましょう。

まず、駅やバス停に近いこと。

公共交通機関を利用しやすい立地は、自家用車を利用する割合を減らすことが可能です。ヨーロッパには、地球環境に配慮し、自家用車の使い方をさまざまな形で

規制する国も出現しています。

これは環境に限った話ではなく、これからの高齢化社会を見据えた上でも、ストレスなくバスや電車を利用できることは、大切なポイントです。歳をとれば、自分で自家用車を運転することが、困難な状況が訪れるかもしれないからです。

次に、生活施設が充実しているかどうか。

スーパーや病院などの生活施設が、歩いて通える距離にあることが理想です。生活を営む上で欠かせない施設が徒歩圏内にきちんと揃っていれば、移動にかかる時間や交通費を節約できるからです。

その土地の通風、採光のよさも大切です。

風通しがよく、日当たりのよい土地は、人間の体感的な快適さを左右するだけでなく、冷暖房、照明などの光熱費にも多大な影響を及ぼします。ここで気をつけなければいけないのは、昼夜はもちろんのこと、一年を通して通風・採光がどう変化するかを確認することです。

家族構成に合わせたジャストサイズの土地選びをすることも重要です。

また、たとえば2台保有している自家用車を1台にするなどして、坪数を減らすといった試みも、「エコ土地」的な考え方かもしれません。自家用車の維持費は、２００万円の車を購入して7年間乗り続ける場合、税金や保険、車検等の費用を合算すると、年間で約50万円かかるといわれています。

これらの条件を可能な限り満たした土地の上に、「いい家」を建てれば、きっと１００年後も、２００年後も、自分が建てた家が残っていることでしょう。

35年後の資金計画までしっかり見通せる、それが本当の「いい家」！

家を建てるには、資金が必要です。

ここまで読まれて、「やっぱり、いい家がほしい！」と思われた方は、ぜひ、Ｐ１４０～１４１の「35年間の資金計画表」を参考にしてみてください。家をつくり、住み続けるためにかかる金額を、綿密に算出しています。

「返済は月々いくらくらい？」「ランニングコストはどのくらい？」「メンテナンス費は……」漠然とした金額ではなく、具体的な数字を目にすることで、家づくりがまた一歩、現実のものになると思います。

ちなみに、「casa sole」の家を建てる場合、工事面積が３０・９２坪のケースで、１７８０万円です（詳細の仕様は、Ｐ１３８～１３９を参照）。

また、「casa sole」は、国の定める「長期優良住宅」の基準もクリアしています。

住宅を資産と考えるなら、30年やそこらで無価値となってしまうようなものは、資産とは到底呼べないでしょう。

住む人や時代が変わっても、変わらない価値。それこそが、「本物の資産」といえるのではないでしょうか。

casa sole

1F 床面積………51.75㎡(15.65坪)
2F 床面積………50.51㎡(15.27坪)
延床面積………102.26㎡(30.92坪)
建築面積……… 52.99㎡ (16.02坪)
最高高………… 8556mm
軒高…………… 6195mm

概要

構　造	SE 構法／金物工法
	高気密　高断熱仕様　遮熱シート
屋　根	ガルバリウム鋼板
外　壁	ガルバリウム鋼板
鋼製建具	アルミと樹脂の複合サッシのトリプルガラス
木製建具	天然木突板ドア
内装（壁）	casa エッグウォール
内装（床）	無垢フローリング　t＝15（オーク　オイル仕上げ）
内装（床）	タイル　t＝10（キッチン）
キッチン	システムキッチン、IH コンロ
浴　室	システムバス
洗　面	オリジナル２面鏡付洗面カウンター
便　器	ウォッシュレット・手洗い付
階　段	鉄骨スケルトン階段
設　備	ソーラーパネル 2.7k、エコキュート、ALL電化

※仕様は予告なく変更される場合があります。又、地域により一部取り扱い商品が変わります。詳しくはお近くの店舗までお問い合わせ下さい。
※準防火地域は一部仕様が変わります。
※建築地域：沖縄県及び離島をのぞく日本全土。
※積雪 1m 以上の地域におきましては、一部仕様の変更または施工できない場合がございます。casa sole 本部またはお近くの加盟店にてご確認ください。
※地域により、一部価格が異なる場合があります。

基本工事に含まれない物

基本工事に含まれない物は以下の通りです。

●現場管理費
●外構工事
●付帯工事（空調・カーテン）
●諸経費（申請費用・地盤調査・融資費用・火災保険料）
●一部仮設

35年間の資金計画表

1.建物概要

	casa sole	一般的な木造住宅
本体価格（税込）	17,800,000	12,000,000
広さ	30.92 坪	31 坪

2.資金計画

	casa sole	一般的な木造住宅
本体工事	17,800,000	12,000,000
オプション工事	2,000,000	2,000,000
付帯工事	1,000,000	1,000,000
諸費用	1,600,000	1,600,000
長期優良住宅申請費用	300,000	0
エコポイント	0	0
補助金等	-1,000,000	0
必要資金	**21,700,000**	**16,600,000**

3.返済計画（期間35年間）

		casa sole	一般的な木造住宅
融資額		2,170 万円 フラット35S（20年タイプ）	1,660 万円 フラット35
～10年目	金利 月々支払	1.59% 67,402	2.59% 60,147
11年目～20年目	金利 月々支払	2.29% 73,062	2.59% 60,147
21年目～35年目	金利 月々支払	2.59% 74,628	2.59% 60,147
総返済額　35年合計		**30,288,736**	**25,262,079**

※フラット35 金利2.59%の場合。

4. ランニングコスト・光熱費（期間35年間）

	casa sole	一般的な木造住宅
電気代／月	0 ※売電も含め	9,647 （総務省平成 21 年度統計）
ガス代／月	0 ※オール電化のため	5,702 （総務省平成 21 年度統計）
その他の光熱費／月	0 ※オール電化のため	1,312 （総務省平成 21 年度統計）
ランニングコスト 35年合計	**0**	**6,997,620**
ランニングコスト 月々換算	**0**	**16,661**

※光熱費の消費量は目安です。地域、環境によって変動することがあります。

5. ランニングコスト・メンテナンス（期間35年間）

	casa sole	一般的な木造住宅
外壁／屋根メンテナンス	300,000 2回	1,000,000 3回
フローリング	0 なし	800,000 1回
ランニングコスト 35年合計	**600,000**	**3,800,000**
ランニングコスト 月々換算	**1,429**	**9,048**

総返済額 **35年合計（3＋4＋5）**	**30,888,736**	**36,059,699**

5,170,963円もcasa soleがお得！

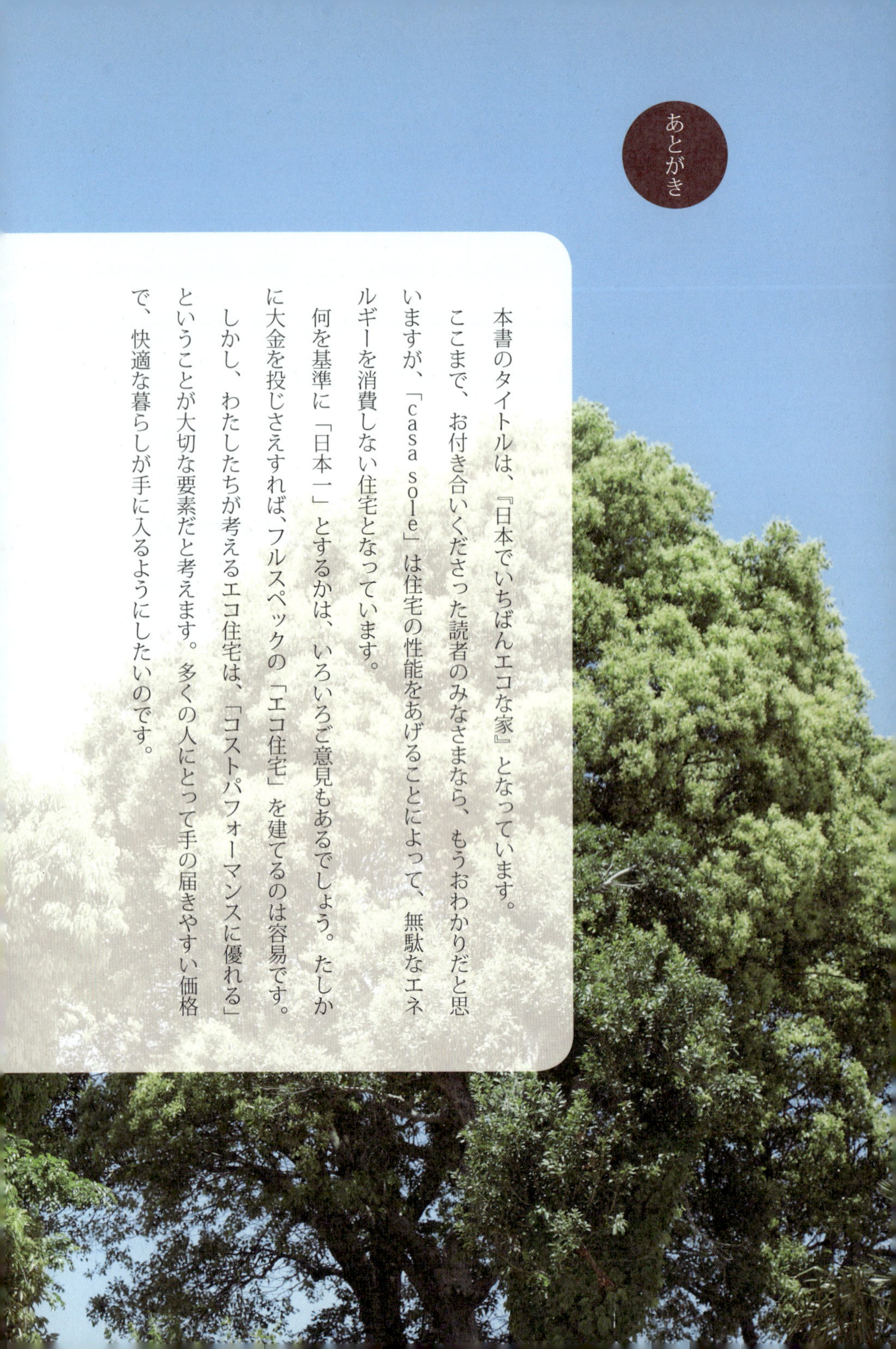

あとがき

本書のタイトルは、『日本でいちばんエコな家』となっています。

ここまで、お付き合いくださった読者のみなさまなら、もうおわかりだと思いますが、「casa sole」は住宅の性能をあげることによって、無駄なエネルギーを消費しない住宅となっています。

何を基準に「日本一」とするかは、いろいろご意見もあるでしょう。たしかに大金を投じさえすれば、フルスペックの「エコ住宅」を建てるのは容易です。

しかし、わたしたちが考えるエコ住宅は、「コストパフォーマンスに優れる」ということが大切な要素だと考えます。多くの人にとって手の届きやすい価格で、快適な暮らしが手に入るようにしたいのです。

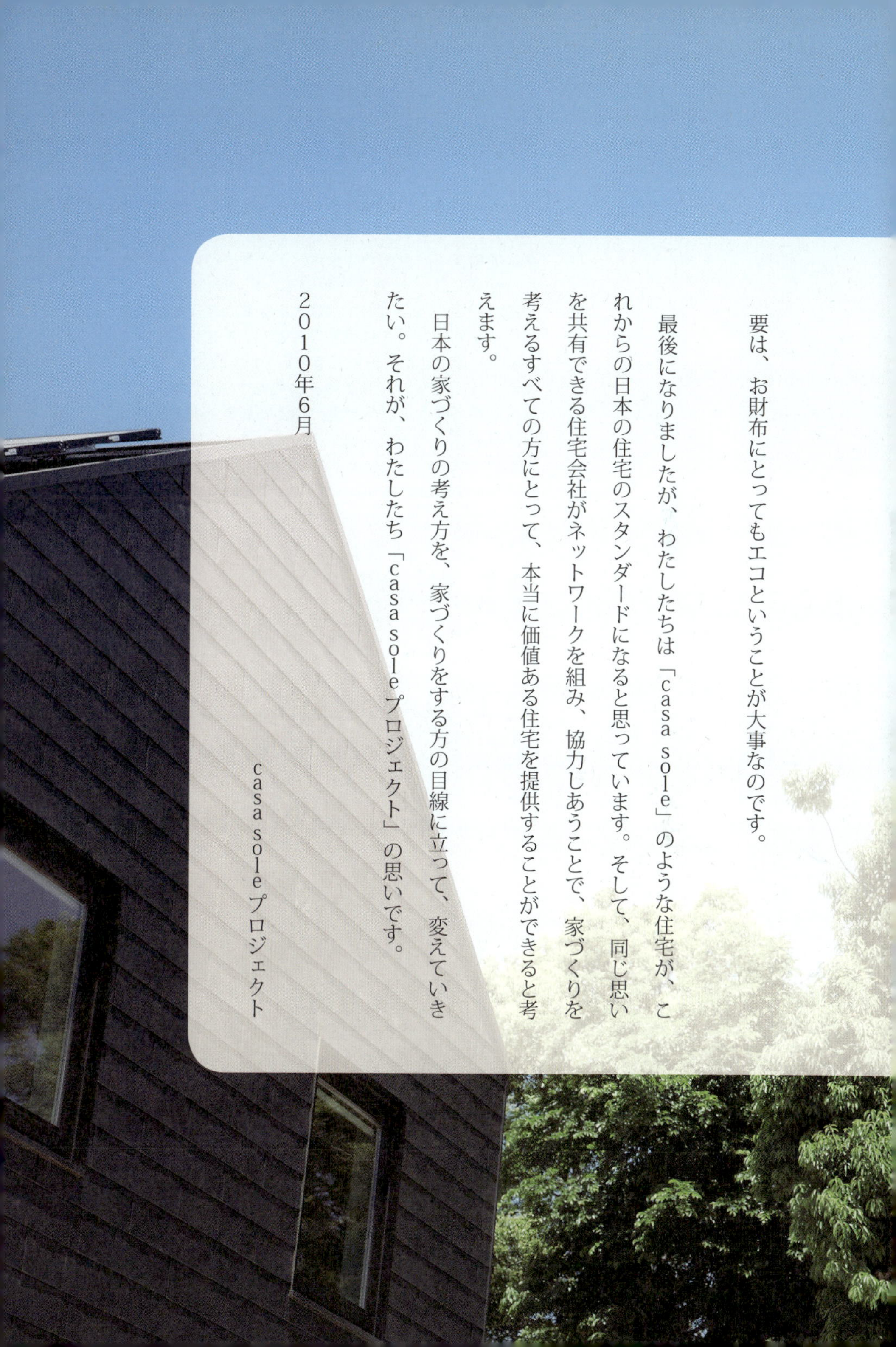

要は、お財布にとってもエコということが大事なのです。

最後になりましたが、わたしたちは「casa sole」のような住宅が、これからの日本の住宅のスタンダードになると思っています。そして、同じ思いを共有できる住宅会社がネットワークを組み、協力しあうことで、家づくりを考えるすべての方にとって、本当に価値ある住宅を提供することができると考えます。

日本の家づくりの考え方を、家づくりをする方の目線に立って、変えていきたい。それが、わたしたち「casa soleプロジェクト」の思いです。

２０１０年６月

casa soleプロジェクト

casa sole プロジェクト
(カーサ・ソーレ　プロジェクト)

「壊しては建てる」という従来の日本の住宅文化に疑問を持ち、住宅を年々価値の下がる消費物ではなく、使い込むほど価値の上がる資産にしていきたいという考えに賛同する、全国の工務店・ビルダーのネットワーク（平成22年6月時点において、参加91社）。「本物の部材」「真に安全で快適な環境を提供できる構造」「永続的なデザイン」を採用することで、未来に遺る美しい住宅、資産となる価値ある住宅を提供し続けている。また、住宅商品の共同開発、住宅資材の共同購入、広告宣伝の共有など住宅事業に関わる要素を参加企業全体で共有することで、建て主にとって、本当に支払いが安くすむ住宅づくりを可能にした。

http://www.casasole.jp/　　http://casa-p.com/

STAFF
装丁・本文デザイン／中野一弘（bueno）
本文 DTP ／久田大介（bueno）
構成・編集／谷山武士（bueno）
　　　　　　野津山美久（薫風社）

日本でいちばんエコな家
casa sole
太陽光のチカラを生かす 200 年住宅の秘密

2010 年 7 月 14 日第 1 版第 1 刷発行　定価（本体 1400 円+税）

著　者　　casa sole プロジェクト
発行者　　玉越直人
発行所　　WAVE 出版
〒 102-0074
東京都千代田区九段南 4-7-10　九段藤山ビル 4F
tel.　03-3261-3713　　fax.　03-3261-3823
郵便振替　00100-7-366376
E-mail：info@wave-publishers.co.jp
http://www.wave-publishers.co.jp/

印刷・製本　萩原印刷

ISBN978-4-87290-470-3